王宏喜画传

画家与海

王宏喜／图
薛锡祥／文

文匯出版社

主编

桂国强

陈平

执行主编

朱金晨

编辑说明

为了推动文化大发展、大繁荣，展示当下活跃在中国画坛上有着创造活力的画家的风貌与成果，彰显他们具有时代气息、生活气息的绘画语言，文汇出版社与上海麦杰珂文化传播有限公司联袂推出“文汇·麦杰珂艺术家画传系列”。

本系列共六卷，六位作家以翔实的素材、生动的描写、精彩的文字撰写了六位画家的传记。有唐明生写林曦明的《水墨·江南·林曦明》，薛锡祥写王宏喜的《画家与海》，贝鲁平写车鹏飞的《一生的追求》，杨秀丽写韩硕的《二十六度画魂》，陆其国写龚继先的《我爱故我画》与朱金晨、武佩珧写仇德树的《“裂变”的世界》。每卷还精选了画家的多幅作品与他们的绘画札记、艺术评论，并配有创作大事年表、生活照等，让读者全方位地走进画家们的艺术世界。

目录

画家与海

第一章：海之子

也许，春天给了他特别的色彩，也许上帝给了他另一双眼睛，也许海神给了他一支超灵感的笔，此生，他注定要画画，画他的海，画他的海上日出、日落，画他的海上风暴，画他的海上船老大，画他的所见所闻所思所想。他与海密不可分，用他的话说，他就是海，海就是他。因为他画海，他的一生才如此地精彩，如此地绚烂。

这是花果山下的一片大海，这是大海边上的一片神奇的土地，山能够听到大海的呼唤，海能够听到山的歌吟。云台山石，黄海浪涛都能够听到那一年、那一月、那一日、那一时，一个婴儿呱呱落地，一声啼哭，搅动了大海。这啼哭在庄稼人听来，比一首金秋时节的丰收歌谣还要动听，给一个贫苦的人家带来了欢乐。他就是初来人间的王宏喜。

王宏喜的名字寓意，是王家门庭宏大的欢喜。一个幼小的生命降临人世，给王家人带来的是喜中有忧。喜的是未来，说不定未来全家的希望就担在他的身上；忧的是当下，添一张嘴，就得添一双筷子，一只碗啊。当下家境贫寒揭不开锅啊，当下吃了这餐顾不得下顿。生下来，就得给养大，就得上学堂，就得读书写字，就得有出息，就得改变王家的命运。他们虽然不能预测王宏喜的未来是不是什么画家，什么学者，可他们的眼里就有一幅画，画的是一个梦，一个五彩缤纷的梦，一个飘浮在空中还不知道能不能着地的梦，一个摆脱人世间苍凉的梦。

这是1937年春风解冻的日子。出生于江苏省灌云县南五队龙王荡的王宏喜，在父母苦涩的叹息中渐渐长大，他用好奇的眼睛看世界，什么都新鲜，什么都有色彩，什么都很鲜亮。少年不知愁滋味的王宏喜，尽管要饭，尽管被狗撵着咬，还唱着歌，把饭碗敲得当当响，要是要到几口热菜热汤，就高兴得在地面上连翻几个跟斗。

肚子虽饿，书还是要读的。再穷，也得让孩子啃几斗文字。王家世代文盲，祖父、父母希冀他能成为读书人，光宗耀祖。幸亏这孩子生性聪颖，喜爱画画。“小荷才露尖尖角”就讨人喜欢。家人说他忠厚诚实；村里人说他懂礼貌，守规矩；老师说他尊师爱友，和善相助。夸他的人品：一“信”，就是世人称道的真言、诚言、实言，真诚坦率；二“勤”，勤思、勤学、勤写，非常勤奋。

儿时私塾学堂岁月，他读《三字经》《千字文》《百家姓》，六七岁时，即能背诵《幼学》《中庸》《论语》《孟子》《千家诗》《古文观止》。每天清晨即起，先跪拜先圣先贤先师孔夫子，然后背诵古文。再就是磨墨执笔写大楷、小楷。那时的宏喜，人虽不大，却能写得一笔好字。他不喜欢柳体，却偏爱颜体。八九岁的他，被人尊称为小秀才、小老师、小先生，也有人叫他“书呆子”。村里人办婚事，找他写喜字、写福字。到了年关，附近几个村庄人家请他写春联，那一笔一划写得工工整整，有时还来一点狂草，懂得点笔墨的人，称之为书法；不懂书法的人，说这就是学问。人家在那里夸他，他转到一旁偷着乐。

私塾先生越是看中他，越是对他严格。严加雕琢，必成大器。

可这未来的大器，谁也保证不了从小少吃苦头。你书背不出，对不起，你得伸出手来，掌心向上，接受戒尺抽打还让你数数。不仅如此，先生的两只指头像一把老虎钳，夹着你的耳朵往上拎，差点没有将你拎到空中。接着罚跪，像跪搓衣板，你的膝盖钻心地发麻发痛。打手心，是常有的事。有一次，书背不出，宏喜的手心被打，肿得像馒头。母亲看到儿受苦，你说她的心有多痛？每每看到这个样子，宁愿自己受罚，也不能让自己的亲生骨肉接受这样的体罚，她向私塾老先生求饶：先生啊，请高抬贵手。打轻一点、轻一点。祖父在一旁听了，气得胡子往上翘：书背不出来，就应该打，痛，活该。“少壮不努力，老大徒伤悲”，你得给牢牢记住。他也狠狠地拎了一下宏喜的耳朵：记住了没有？记住了，记住了。谁敢说不记住？！

战乱的岁月，学校绑在腿上。为了逃避血火之灾，学堂三天两头搬迁，一些学生经不起这种折腾，半途退学。但宏喜的心系在课桌上，课桌到哪儿他到哪儿，学业从未中断。就这样坚持上学，坚持读书，一直坚持读到1949年那个冰河解冻、杨柳抽绿的日子。家乡解放的锣鼓，敲得人热血沸腾。这时候，私塾学堂被取消，那位老先生，再也打不着宏喜的手心了，不过宏喜对他还挺留念，因为那把戒尺，那拎耳朵的手指头以及先生的严厉、祖父的面孔，教会他从此不再偷懒、不再侥幸、不再得过且过。严厉，是一位最好的老师。

私塾学堂没有了，书还得念下去。祖父的脸还得板下去。宏喜不知道自己是情愿还是不情愿，像被赶的鸭子那样，被祖父赶进了洋学堂。洋学堂姓洋，满嘴说的是洋话。就是中国的老师，也是洋腔洋调，变成了不三不四的洋鬼子。有的先生，想做洋人，穿洋装，戴瓜皮帽，土不土，洋不洋，那种酸味，叫人作呕。宏喜在洋学堂里待不惯，算术课，写在黑板上的都是外国数字，中文里躺着的数字一、二、三突然站了起来，变成了1、2、3。

在课堂上，老师发问：奠定一个人的根基是什么？根基这两个字，少年时代的王宏喜弄不明白。可老师说得清楚：“一个没有根基的人会成为一个迷失方向的人。”宏喜问自己，我的根基是什么？课堂上解释，就是依靠、依托，就是着力点。宏喜又问自己，我的依靠是什么？不过他明白，船行无帆无舵，茫茫天涯，驶向何处，最怕的是难以靠岸，岸，就是根基。这种比喻，不一定妥当。最好的解释是，底子厚实，能站住脚跟，正如万丈高楼，它的根基是夯实的基础。宏喜的根基，从小时候就开始构建。构建学识、构建品德、构建才艺、构建绘画的基础，这是从家庭到学校到社会共同的建树。

天赋，对于一个从事艺术的人来说，固然重要，而勤奋则不可少。收获果实的丰厚，足以证明王宏喜从未懈怠。尽管先生赞赏他勤奋好学，天资聪明，但有时也挨板子，调皮捣蛋，恶作剧，这是男孩子的天性，他也不例外。建国后，宏喜踏着阳光的脚步，走进小学、中学的校园。这段光阴，宏喜的心情和蓝天一样清澈、明朗、温暖。他把画画作为一种心情的表达。老师看得出，这小家伙和别的孩子不一样，他爱画画，画小猫小狗，画自己也画别人，给女人画胡子，给男人画辫子，他画的画逗趣，让人发笑。他也想给老师画张像，虽说很认真，免不了也是歪鼻子斜眼睛，老师并未怪他，因为这毕竟是处女作，世界上大画家的成功之路，都是这样起步的。

勤奋读书的王宏喜，看到书本上的封面画、封底画、眉头上的画，他都一看再看。他搜集各色各样的图片，犹其是香烟牌包装，每包香烟里都有一张硬纸片。《水浒》里有一百〇八将，《封神榜》

里也有许多神奇人物，拿到手，都照样画下来。对纸盒上的莲藕、荷花、垂柳、烟霞等，他都感到很美。仰慕湖光山色，亲近江南风景，春游人醉、秋游销魂，蜂飞蝶舞、莺唱燕歌，寒江冷月、垂钓网捞，他都一一画下来，张贴在自家的墙壁上，这就是小时候的王宏喜。

1952 年，宏喜已是十五岁的少年。男儿十六成丁，祖父、父母还想给他找个女人，当当他的帮手。子随父命，媒妁之言，造成后来的不幸，暂且不提。宏喜在家，好歹是个男人，顶得上半个劳动力，稚嫩的肩膀，能挑半筐稻米。书本里，拿文字种田；泥土上，用汗水浇地。苦读书，甜滋味恰从苦中出；干农活，太阳爬上脊梁骨，砸下锤子就能锻成钢。无论农活怎样忙，都不影响读书画画。到了第三年，即 1954 年，顺利考上了县城唯一公办中学伊山初级中学。初中一年级时宏喜还是矮小个子，坐在最前排，说来也怪，二年级时突然长高，像是浇上化肥疯长的高粱，一年内个子窜到一米八，从老师鼻子下挪移到最后一排。

从家门，到校门，一百华里路，够他跑一天。宏喜每月回家一次拿伙食费。每月底周六不参加课外活动，徒步沿着田埂，朝家乡方向或慢行，或一路小跑，高起兴来，手舞足蹈，折根柳条，把夕阳抽下了西山，也将晓月赶出了东山。趟溪捧饮，过山歇凉。自己唱歌给自己听，山有回声，那是别人的喝彩。后半夜才闻到家乡的狗叫，跨进家里门槛，两腿已经不是自己的了，伸不直，也不听使唤。星期天在家放松放松，伸伸懒腰，喘口气。星期一鸡叫头遍就起床，背着干粮天蒙蒙亮就返回学校。母亲煮十只鸡蛋塞进他的书包，每走十里吃一只，八点钟之前赶到学校，随着上课的钟声走进教室。

学生时代，对一个农村穷苦的孩子来说，是没有讲究的。能够吃饱饭，穿得暖就算不错了。王宏喜从来不奢望什么。他穿得非常简单，一件棉袄棉裤，补丁打补丁，冬天装上芯子，夏天又将芯子掏空，就这样一直穿到大学毕业。分配到上海，依然是这身塞着芯子的棉衣。用今天时尚的眼光看昨天，连王宏喜都觉得很好笑。说起这件事，他的夫人潘宝珠很理解，可当年，历史却没有将他俩放在一起，一个上海小姐，一个农村娃，纠结起来，会发生什么故事呢？当时农村来的学生，大多都是这样，不觉得苦。能进县城读书，已是百里挑一了。

县城文化氛围和村庄上截然不同，从东走到西，可以见到大会堂、剧团、文化馆、新华书店、邮电局、体育场等，进了县城，就等于进了文化艺术殿堂。那时求学欲望很强，三年初中生涯，是宏喜启蒙时期，也是进入艺术殿堂决定性时期。因为是寄宿生，除了上课时间外，全部用在读书画画上。学校图书馆里的书几乎被他啃了一遍，博览群书的他，说起当年，记忆犹新。问他读了些什么书，他如数家珍：中国名著《三国演义》《水浒传》《红楼梦》《封神演义》《儒林外史》《家》《春》《秋》等，国外的小说有托尔斯泰的《战争与和平》，高尔基的《母亲》《我的大学》，还有《钢铁是怎样炼成的》，契诃夫的小说《挂在脖子上的安娜》《胖子和瘦子》《小职员之死》等等。

说起漫画他更是津津乐道：学校图书馆里就有漫画，苏联漫画刊物《鳄鱼》杂志宏喜很喜欢。初中二年级（1956年），他第一次在省级刊物上发表漫画《有求必应》，这是他的开篇之作，这是他的太阳第一次升起，这是他的理想之帆开始航行，这是他的梦在自己的星空闪烁若隐若现的微光。他的心在唱一首歌：希望在远方。远方有多远，他不知道，但他知道在眼前，他很快乐。当时体育课实行劳卫制，见到体育老师将二级劳卫制奖章发给不合格的同学，他画了几个同学领奖章情形，不几天收到五元稿费，这对他震动很大。五元钱够每月伙食费（五元一角），他拿出七角五分在邮局边上买了一斤蛋糕孝敬祖父和父母。祖父用布满皱纹的手捧着蛋糕，露出幸福的笑容，这是老人大半生吃上的最好食品。2000年他去云南写生，在迪庆见到藏民，用双手捏青稞饭团，立即联想到祖父的双手，创作了《进食图》。

在县城，觅得几本《芥子园画谱》，虽破烂不堪，仍如获至宝，多遍临摹，舍不得放手。这是宏喜第一次接触中国画，自然是一些画理的定式、程式，如山皴法、树分四枝、石分三面、花卉出枝等。这些都是至理名言，对宏喜来说非常解渴。

每周一节美术课是宏喜最满意的课程。美术老师王若翰先生，南京晓庄师范毕业，能画一手上乘的水彩画。他从南京带来一尊石膏像，放在他的单身宿舍里，课外活动，宏喜就去画石膏像，按照书本上的要求，用HB笔，三面五调，美术老师总是将宏喜的画挂在黑板上，作为范本。星期天是宏喜最得意的时间，到伊山脚下写生，从奇形怪状的石头、初露海面的桅杆，到喷珠溅玉的瀑布，他尽收眼底，搬上画面。

读中学，宏喜依然钟情于画，钟情于他心中不曾泯灭的那个梦。梦从这里启航，然而要飞得更高更远，还是要靠兴趣引导。他的兴趣是不拒绝任何的细微末节。插图他很喜欢，看到大人抽烟丢下的香烟盒、火柴盒就马上拣起来，仔细端详，爱不释手，因为那上面有五颜六色的人物画、动物画、风景画。是画他都喜欢，灶台上的灶画、窗户上的剪纸画、门扇上的门神画、门楼上的砖画、石雕画等等，庙宇里的壁画及斗檐画，《水陆道场画》《二十四孝图》，画中有故事，故事中有人物。后来，受到中国画坛重要流派“金陵画派”的推动者和组织者亚明的赏识和推举，还有美术史论家俞剑华，擅长中国画的南京艺术学院美术系教授陈大羽等大师的点拨，他一点一点懂得，画画就是创作艺术；艺术，就是创造美。无论画什么，归结到一点上，就是创造美的世界，让人们在审美中获得美的享受、情感的娱悦、境界的升华。

古老文化的启蒙，传统艺术的熏陶，为这个苦难的孩子走出苦海亮出一线生机。临摹、素描、写真等，将他的目光转向中国画。在苦难中煎熬，在命运中博弈。没有救世主，除了自己，还是自己。足迹留给自己看，深深浅浅，歪歪斜斜，只有自己读得懂。大自然是一本书，翻过来，是云台山下，黄海之滨；翻过去，是高山崆峒，大海荒滩。天生爱画，熟读古文的他，凭着勤奋与执着，大胆试试自己是不是画画的那块料，试试自己还能不能继续读下去，有没有发展前途，有时他也怀疑自己：我行不行？

1960 年至 1964 年，是王宏喜的人生转折点。这四年，决定了他一辈子的命运。这个带着苏北口音的农民儿子，带着泥土的朴实走进高等学府的大门。第一个亮相，就得到亚明、陈大羽等名师的赏识，在班上介绍新生之际，他的面孔就被人记住，直到今天，老同学们都说他最有出息。回忆当时，王宏喜总是激动不已，那时，哪知道有这样的今天。

再度将历史的时针拨到 1960 年，王宏喜深知，从此刻起，他将在六朝松、桐音馆、梅庵旧居，临摹维纳斯，效仿梵·高、伦勃朗、米勒，并且记住他们励志的格言：“我的作品就是我的肉体和灵魂，为了它我甘愿冒失去生命和理智的危险。”——梵·高；“我的狂妄，冲天仍不止。”——伦勃朗；“获得幸福的惟一途径，就是忘掉目前的幸福，以除此之外的目的作为人生目标。”——米勒。王宏喜就是这样“忘掉目前的幸福”，以他的“狂妄，冲天仍不止”，将家境困苦作为永远的坚强之母。他站在扬子江畔、玄武湖边，将他的心情告诉远望中的故乡。

1960年高中毕业的他，报考三个学院——中央戏剧学院、上海戏剧学院、南京艺术学院，都被录取，他偏选择了南京艺术学院中国画专业。他知道，这个坐落在六朝故都风景秀丽的紫金山下、秦淮河畔，江苏省唯一的综合性艺术高等学府，是我国创办最早的独立建制的艺术摇篮，至今已有百年的历史。王宏喜作为这里的一名学生深感荣幸。这所历史悠久的艺术殿堂，中国美术教育家刘海粟是她的奠基人，蔡元培、颜文梁等一大批现代史上有影响、有造诣的文化名人和著名的艺术家、教育家，是她盛名远播的名片。宏喜得益于陈之佛、傅抱石、亚明、宋文治、沈涛、陈大羽、罗叔子、程十发、蒋仁等老师的教诲，受益匪浅。其间，亚明、傅抱石老师经常带他去中山门外藏经楼省画院创作基地，为老师铺纸磨墨。大学其间，宏喜担任学生会主席、班长等职务，受南京学生社团之邀，星期天经常去南京大学、南京师范学院、南京工学院等高校，为社团课外美术社讲授国画技法，一边当学生，一边做老师，从而锻炼了国画基本功，并结识了众多美术朋友，至今还和几位在书画界崭露头角的艺友往来切磋技艺。

四年的大学生活，受到金陵画派的熏陶，他经常步行去夫子庙，三山街，寻觅古砚、古墨、旧字帖、线装书。古都深厚的文化底蕴，铸就他走上传统艺术道路。

他坚定地在他钟情的艺术圣殿里，孜孜不倦汲取文化艺术营养，掌握中国画专业的才艺。南京艺术学院毕业后，他成了上海人民美术出版社的专业画家。岂料这时正值那场特殊的文化运动开始了，运动得社会不宁、人心不稳、世道不佳，这一运，这一动，又造成了他的震荡，他的茫然，接踵而来的是浩劫之难。

在人生的大海中，不管洪水是怎样的奔流，还是岛屿、暗礁怎样的阻挡，宏喜将以猛烈的冲击激起美丽的浪花，以逆境行驶到达成功之路。他的逆境是一种磨难，而磨难带给他的是曲解、误判与不公。

“天将降大任于斯人也，必先苦其心志，劳其筋骨，饿其体肤，空乏其身，行拂乱其所为，所以动心忍性，曾益其所不能。”这是孟子说过的话。看来，不经过风浪，就不能到达胜利的彼岸；不经历风雨，就不能看到彩虹。

然而幸运的是，家乡人了解他，他们不相信一个靠共产党翻身解放、骨子里就感恩共产党的人会起异心、会长反骨；更不相信一个穷书生画画的笔会给太阳抹黑，会使社会主义艳阳天狂风大作乌云四起。就在这危难关头，他的故乡，用热情的双手、坦荡的情怀拥抱他。在那些黑白颠倒的日子里，他想不开，就回家看海，看海的心胸坦荡，看海的襟怀博大，看海的气势雄浑，看海如何以磅礴之势将顽石、礁岩击个粉碎。看海，他对自己说，要学会忍耐，学会宽容，学会冷静，学会保护自己。此时，在宏喜的眼里，海就是父亲母亲，就是自己的亲人，他有话就对海倾诉，有郁闷就对海排泄，有愤怒就对海呼喊。

对家乡，王宏喜有着一往情深的眷恋。云台山石，在他的画夹里铿锵有声；黄海浪涛，在他的画页上翩然起舞；“石曼卿”、“苏东坡”、“李汝珍”等等是他的画，是他的诗，是他凝聚的痴情和乡恋。家乡是期待他收获的果园，他收获家乡的山海风光、神话传说、土特产品、风土人情，家乡也收获他的乡思、乡恋、乡情。在茉莉花摇曳的连云港，在红杏出墙的母校灌云伊山中学，他收获乡土给予他的全部的厚爱，并且赋予他生命中的全部，因为那是他生命长河的源头，浓烈的思乡之情无时不萦绕在他的心头。学成归来，家乡的那山那水那方净土需要他的描绘，需要赤子之心赋予她那一份荣耀。他，也得到了故乡赐予他的桂冠——连云港市美协主席、江苏省科普美协副理事长等职务，并加入中国美术家协会。

但王宏喜相信，人生是一条激流，每个人都是自己的舵手。凡事都不是命里注定，每个人都可以自由地改变自己的命运。今日脱下袜和鞋，不知明日来不来！弱者等待时机，强者创造时机，懂得变通，不通亦通。

明白无常的道理，就会肯定自己的未来，做自己因缘的主人。时隔七十五年，今天的王宏喜，再把他的眼光转向当年，他不敢想象当年的自己，能够在今天成为一个有出息有造诣的画家；更不敢想象他绘制的中国最大的孔子造像，国内和海外三十多家报纸登文介绍；他不敢想象，他两次东渡扶桑留下的一百多幅书画作品，被日本人奉为至宝，专门设馆收藏；他不敢想象，他为南京秦淮区创作的《秦淮八艳》，成为当地的一大景观；他又不敢想象，他被上海市作为人才推崇、引进，担任上海美术馆专职画师。上海，历来是名家云集、名流荟萃、文人如繁星之地，他竟然显赫其中。王宏喜虽然被人说来是大牌、大腕、大师级的大家，但在这十里洋场上海滩“闯江山”、“打天下”并非轻而易举。更不用说，风云际会，全国各类人才都向这里涌动，参与竞争、挑战，各扬其长，各显高招。就在这群雄角逐中，上海发现了他，并作为一种特殊人才引进，加上上海人民美术出版社编辑潘宝珠暗中帮助，他成功了！他的成功，在于他是自己的舵手，他能够驾驭自己的命运之舟。有人曾经阻止他去上海发展，有人和他打赌：你成功了，我请你喝酒！

他成功了，有关方面提出要为他举办一系列活动，他婉言谢绝：活动不必搞了。上海书画院寄给他表格，让他填表参加，他又婉言谢绝：我就不占这个位置了，还是让有发展前途的年轻人参加吧。在当今物欲横流的名利场上，他不会炒作，不会包装，不求贤达，为人低调，他想的是回到故乡大海边，用画笔描绘今日渔村和渔民的新生活。他常用的一方章“灌云布衣”，很能说明他的为人。

是啊，他离不开大海，离不开渔村，离不开他熟悉又感到亲切的海涛声。大海养育了他，无论走到哪里，大海的影子总是跟着他，无论离大海有多远，他只觉得海就在他的身边。他在荷塘边钓鱼，他感觉一甩钓竿，就钓着了海；他捡来的海螺放在身边，螺号里传来了他童年的歌谣；他早年创作的《出海》图，又把他拉到海边。他又去《练海》，又去《海港晨渡》，又去吟唱《渔港晨曲》，又去和《海带姑娘》一起，走进《耘海图》，走进大海的神韵，走进大海与人之间，走进充满浪漫主义色彩和浓烈的思乡之情。他开始把更多的笔墨放在时代的变化、对渔民生存状态影响的揭示上。为此，他几乎每隔一两年都要同她——她也是画家，后来的夫人潘宝珠回到故乡的大海渔村中采风，与渔民长谈，看他们出海，了解他们的喜怒哀乐。王宏喜这个时期的海洋渔民题材的作品显得更有深度，对改革转型年代渔民的精神状态把握也更为鲜明、准确。

除此以外，历史人物画也在他的创作中占有举足轻重的位置，给他在画坛上带来非凡声誉。王宏喜为历史人物造像，不是简单的描摹，而是力求将人物置于历史大背景下，突显人物内心冲突和坎坷命运。他选择的大禹、孔子、苏东坡、陶渊明、李清照、郑板桥等，都经历过人生的磨难。他将这些人物于逆境中所显示出的不屈的精神特质予以蒙太奇手法聚焦、放大，给人强烈的视觉冲击力。

中国画作为形象艺术，其生命力在于“变”。当代人的生活方式在嬗变中区别以往任何时代。二十世纪初始的工业文明带来的现代化，给几千年封建农业的小农经济样式的中国画以无情的冲击。传统的样式已成为历史古董，而现代的审美趋向多元化、多样性。

从哲学角度来看，中国画艺术是形而下，万变不离其“宗”。这个“宗”就是几千年的文化积累，过去是现今的祖宗，现今是未来的祖宗。中国画有史记载的两千年的历史，先贤建起座座丰碑，令人望其项背。座座丰碑都是“变”的结果。当今世界也在变。不了解这个变，不适应这个变，就是老古董。如何适应？最好的办法就是深入社会生活。然而，不是所有的画家在生活中都能出好作品，有的长期生活在底层，经常不断地到生活中去作画，因为其他修养跟不上，被生活现象所迷惑，作品拔不高，升华不了，最终画了一辈子的画，平平一生。故而深入生活是手段，达其目的者，在“善于”二字上。

对艺术工作者而言，深入生活是广义的必然，而每一具体行当者，演员深入生活有演员的一套规律，画家深入生活有画家的一套规律，切不可一揽子邯郸学步。

近年来，王宏喜夫妻俩经常回到穷乡僻壤，身沾泥土，踏着劳动者的影子在乡野中出没，搜集艺术创作原始素材，充实创作源泉。

他们的艺术创作表明，既要坚持中华民族传统，扎根于民族土壤，又要富有时代气息，坚定地走现实主义的创作之路。愿这对夫妇在艺术的道路上达到新的高峰。

第二章：海之砺

我相信，每一个画家与诗人，都会爱大海，都会恋大海，都会写大海，画大海，都会在大海的奔涌中，体味中国古典诗歌中咏叹“海上生明月，天涯共此时”，“月下飞天镜，云生结海楼”以及“春江潮水连海平，海上明月共潮生”，“日月之行，若出其中；星汉灿烂，若出其里”等名诗佳句，并且以自己的博大胸襟，融入油然而生的诗情、恋情、激情。我相信，生于斯、长于斯的王宏喜，比任何诗人、恋人对大海的爱，都更为深沉，更为热烈；因为在他的生命里，一半是大海，还有一半，也是大海。历练人生，大海不仅给了他砥砺，更给了他坚强。

王宏喜有过两次婚姻。第一次婚姻因长辈包办，受封建礼教桎梏而挣扎，终因未能摆脱，充当了觉新式的悲剧角色，随着妻子的病故而痛苦地结束。尽管如此，他尽到了一个丈夫应尽的责任。第二次婚姻是在共同事业中缔造的，有过被家人和社会偏见的误解，并逐步得到理解、同情和支持，因而接受了合情、合理、合法的事实。

王宏喜这个八尺男儿，当今画坛上著名的中国画人物画家，中国美术家协会会员，谁会料到他第一次婚姻是那样的悲苦、凄凉。

话还得从头说起。1957 年他初中毕业，成绩名列前茅，是村上有名的知识分子。然家境一贫如洗，兄弟姐妹六人，他是老大，家中缺少劳力，生产队里年年透支，口粮不够糊口。日子过得紧张。

祖父包办，宏喜与一个一字不识的雇农之女成亲。之前他俩一句话未说过，男女有别；之后也少言寡语。长辈让你成家，你得服从，就这样稀里糊涂定了终身。婚后不几天，他就进城读书去了，出门在外，一年、甚至几年回不了几次家，一次也待不了几天。“婚姻”这个每个人都要跨过的门槛，王宏喜也不能拒之门外。

古往今来，文人墨客以此为笔下永恒的主题，写下多少名诗佳句，可王宏喜的婚姻真有点说不清道不明。没有花前月下的卿卿我我，没有山盟海誓的甜言蜜语。数十年的两地生活，连一个字的书信都没有。王宏喜认为这是上苍安排，命里注定，是他的宿命。他从不相信人间有所谓的“爱情”，他大脑里想的除了画画，还是画画。

按常理，婚姻、家庭对丈夫来讲，应该认真去经营，而王宏喜满脑子是中国画艺术，哪有时间去过问家庭琐事。数十年来，他创作了大量反映家乡大海渔民题材的艺术作品，奠定了他在美术界的地位。与此同时，他培养了数十名考进高等院校的学生，他将全部精力献给了家乡美术事业。面对一个陌生人，名分上的妻子，他无言以对。一晃就是数十年，岁月随风而去，如今他不怪她，他只恨包办婚姻带来的悲剧，造成男女双方各受其害。他也经常恨自己的软弱，不爱她，还是接受了祖父之命，为什么就没有一点反抗精神，自食其果。几千年封建礼教，他没有想到竟在自己身上显影。妻子因为没有文化，找不到工作，只有做瓦匠小工，抬石头、扛水泥、打麻绳、拉平车……样样苦活、脏活她都干过。全家八口人挤在一间半不到 24 平方米的平房里。为了改善作画条件，1988 年在日本友人捐款建造画室未成之下，他自建画室，这无形中又给妻子增加了体力上的负担，年轻时就患上风湿关节炎的她，终究扛不住疾病的折磨，关节炎渗透到心脏，步步加重，心跳都在 140 次以上。住院期间，病痛难忍，几次要喝敌敌畏。在这万般无奈之下，王宏喜借债到上海中山医院为妻子作心脏换瓣膜手术。因回天无术，求生无望，妻子撒手人寰。这是1990年6月6日，一个让他痛不欲生的日子。王宏喜有一方常用的图章“九零六六后书画”，以纪念只有同情、没有爱情的糟糠之妻。

妻子走了，从不问事的他，无法支撑这个失去主妇的家。病痛，心痛，人生的羞辱，事业的不顺都在折磨着他。为了给妻子医病，两袋空空，还欠下一万多元外债。他再也无心无力作画，一年多里远离笔墨。他很苦、很累，很伤感，再也支持不住，精神完全塌方。他，倒下了，一个好端端的人体重从160斤掉到90斤。这个身高一米八一、健硕的大男人突然枯萎了，只有一口气，还在拖延着他的生命。看到当时留下的照片，笔者不敢相信，这就是曾经的王宏喜，与今日的王宏喜判若两人。一个是不修边幅，乱发如沙漠的骆驼草，双目无神，瘦骨嶙峋；一个是神采奕奕，谈笑风生，思路开阔，敏捷过人。翻过照相簿，相隔大约一年半时间。这一年半，闯过鬼门关，命悬一线，九死一生啊。时转运来，枯木逢春，再发生机，这要多谢潘宝珠。

潘宝珠，号宝子，1943年生于上海，出身书香门第。自幼习画，天性聪慧，师承钱君匋、颜梅华等，擅长画人物及花卉。1965年进入上海人民美术出版社，后曾任连环画创作干部及美术编辑，奠定了人物画造型基础。现是君匋艺术院顾问、美国休斯顿美术协会永久会员、上海香梅书画院高级画师、上海人民美术出版社编辑、中国连环画研究会会员、海上书画研究所研究员，先后出版多部世界文学名著连环画。这位听着浦江涛声和东海渔歌长大的江南才女，象征着春江春水与灵动。冰清玉洁的她，在白玉兰的清芬中从容不迫地长大，在风景中远行，以水的节奏走动宁、沪、杭，水乡泽国给她带来了水的灵秀。她爱唱歌，爱跳舞，更爱画画，她走到哪里，画到哪里。到了华亭松江，自然要画颐园听雨、醉白清荷、佘山修篁、斜塔初雪、泖田问秋、海上寻梦。到了杭州，少不了画三潭印月、柳浪闻莺、苏堤春晓。她爱听西施的故事，也爱画西施，画西施那种婉约、柔曼、缠绵，也画西施那种风骨、风韵、风范。从西施，画到苏小小，画到秋瑾，画到卓文君、班昭、蔡文姬，画她们的才气、灵气、秀气和骨气。她画呀画，画到当上人物画家，画到专攻水墨人物画，又擅长花卉墨竹。这位公主式的人物，如一朵带雨的茉莉，灿然绽放在自己的季节里。

正是她，带着当时台湾出版日历创作的选题向王宏喜约稿。当她看到奄奄一息的王宏喜时大吃一惊，怎么一个很有绘画天赋的大活人，现如今这副模样，惨不忍睹！于是，她向江苏省美协反映王宏喜近况，这就牵动了江苏省政协和文联。国家一级美术师，曾任江苏省美协驻会秘书长、中国美术家协会第四届理事的孙铁生先生前来看他，惜才如命、爱才如宝的老前辈决意要抢救王宏喜，找医生给宏喜治疗。可打针吃药无法救治他的心，他的心久已绝望，他必须改变生活生存环境。

回到南京，孙铁生以他的声誉和影响力，四面奔走，八方呼吁，感动政府，感动社会，公文、批示、发函，宏喜作为特殊人物，离开困境，被接到南京疗养治病，以爱心之手，为他的心灵疗伤。他被安排住进了秦淮人家宾馆，这样，一晃就是一年半。不会处世不谙仕途的王宏喜，天大的困难从不示人，从不向人乞怜，打掉牙往肚里咽的王宏喜，出于无奈，此刻，只能听天由命。孙铁生从挽救人才出发，像对待自己亲人那样，立即联系省委招待所，适时将王宏喜接到南京省委307招待所，一切免费，并联系南京军区总医院，为王宏喜治病。省美术馆馆长朱葵、省委招待所所长章盛银等经常来看望他，鼓励他振作精神；秦淮区委井安富区长、区委办公室韦立平、南京大学校长匡亚明、孙家轩、邵力子孙女邵丽丽也来看望，秦淮区中医院专家为王宏喜治疗，这一住又是半年左右，在此他创作了当今尺幅最大的孔子画像以及秦淮八艳屏风等，这是后话。

患难见真情。王宏喜无限感激让他重生的潘宝珠。她的到来，使他的生命看到了曙光。

痛苦给予他的是期待。期待在曙光里走来，带着春天的气息，燃点却是她给他的目光。

此时的潘宝珠，女性中的佼佼者，在她的同行中，有画家，朋友中，有专家，她都没有动念过，可她对王宏喜……冥冥中，心开始起飞。潘宝珠看中王宏喜什么？一句话，看中他的才气，看中他忠厚老实，对人诚恳，不虚不假。

在秦淮河畔的日子里，潘宝珠精心照料着王宏喜。王宏喜在这个女人身上，找到了魔力。他把她当作女神，获得了战胜疾病的力量。尽管还不是中秋，尽管天上的月亮还不那么圆，而他觉得自己的梦快要圆了。他心中的她，就是他心中最圆的月亮。

潘宝珠当初的出现，只是一个陌生人，一年多的接触，有好感，进而产生微妙的感觉。此时，他们俩都是单身，没有理由不谈谈个人的事，没有理由不将自己的终身托付给自己值得信赖的一方。然而，潘宝珠的到来，却遭到了儿女们的反对，他们不知道，就是这个潘阿姨挽救了他们的父亲。一年多的时间，从相识到相知，从怜悯到同情，从友谊到爱情，从共同的志向到事业，改变了他们的父亲，这应该感谢。可他们的反对，差一点使他们的父亲和后妈造成人间悲剧。终究是合理的婚姻，得到婚姻法的保护，终成眷属。后来，儿女们也都理解了，并敬重、关心他们这位善良的潘阿姨。潘宝珠对他们，则是大度、宽容。回望那些日子，一个上海阿姨，替代了一个家庭主妇，买菜做饭，煎药熬汤，既要服侍病人，还要照顾这个残缺不全的家庭，一天天下来，父亲的健康有了转机，可潘阿姨娇弱的身体却有些不支，回想起来，孩子们还真后悔，真想说一声，对不起。

这段经历回首当初，王宏喜明白，却又不明白。潘宝珠对他这么好，是怜悯，还是同情？乡里乡亲议论纷纷，说好听的话有，说不好听的话也有。别人怎么说，是他们的事，宏喜与宝珠不管，只要善良、只要善意、只要善待，你怎么说都行。不管怎样，王宏喜从内心感激潘宝珠，潘宝珠已经像一粒种子种进王宏喜生命的土壤里，开花结果是迟早的事。他要得到她，但又不敢伸手，人家是什么样人，我又是什么样人，兔子怎么敢去抱天鹅呢？王宏喜看着亡妻的遗像，却不敢正视眼前的潘宝珠。这种压抑的心境，怕是一时难以改变的。

到海边走走吧，他们在大海边流连，彼此慢慢倾诉事业、家庭、爱好，漫谈追求，畅想人生。然而，谈得更多的还是中国画，还是画大海，画海是他们永远的使命。这个使命作为一根红线将贯穿他们的一生。王宏喜想得很多，但说得不多。其实不说，也是在说，在他的表情里有丰富的言语，也有让人联想的空间，明眼人一看就知晓。潘宝珠是细心人，她从王宏喜的眼神中，读懂了不少内涵。王宏喜爱海，她也爱海，他们俩都与大海有缘。一个枕着黄海涛声成长，一个弹奏东海渔歌长成。东海黄海都是海，他们都是海的儿女，都是海的情人，都成为画坛翘楚。他们，虽然没有当下年轻人那种

“爱死你”浪漫的酷，没有玫瑰婚典梦幻般的仪式，却有着一颗共同创造艺术天地的心，并经受神圣至爱的洗礼，以彼此的许诺，坚守婚姻不渝的法则，更需要两人摒弃世俗的偏见，在快乐与艰辛中，走过自己铺展的路，相爱是唯一的方式。

这一天，这对画家再一次来到“六朝金粉地，金陵帝王朝”的石头城，故地重游，行吟“朱雀桥边野草花，乌衣巷口夕阳斜”，倘佯在魁光阁、棂星门、大成殿、桃叶渡……凭眺文德桥上给夫子庙频添古韵和脂粉气的大红灯笼，感慨不止。望着宛如时光悠悠流过的秦淮河水，宝珠的心翻腾着，她的双目再一次模糊，是幸福？是感怀？是回想？是酸楚？还是……宏喜转身望了一眼宝珠，他能猜想到爱妻的心情，可他没有说出。他没有忘记，他和宝珠的一波三折，责任在于自己挺不直的意志，在于封建礼教在自己脑子里烟笼雾绕。爱需要爱理解、真诚、宽容、呵护，这更需要心爱自己的男人反思后的觉醒与坚强，作为自己遮风挡雨的掩体，然而使宝珠一时失望的是，爱她的男人竟在摇摆不定之中。仅一念之间，她差一点变成了文德桥下的冤魂，成为“梁祝”后另一个化蝶。是什么力量使她顽强地活了下来，是好心人的劝解，是她与宏喜相爱而又执着的绘画事业，是他们意念的画神在遥远天国的呼唤，他们感知这一切，彼此拥抱在一起，两个生命融为一体，谁也不能将其分开……此时此刻，宏喜颇有诗兴，想作诗，想画画，想给宝珠唱“莫愁”，却静不下心来，他很激动啊！他要展开洁白的宣纸，笔墨挥洒，千层海浪，万顷波涛，将从笔底涌出。在这水墨世界绿肥红瘦的江南春，王宏喜、潘宝珠从相知到相爱，到力挫艰难，到擦出爱情火花，无不是一首流转的五言绝句。

王宏喜相信，在这个世界上，人人都有自己的难题。王宏喜也有自己的难题。他的难题似乎比谁都难，可终究没有难倒他。他是冬日里隐藏着最深愿望的一棵悬崖松。

宏喜让这个在玉兰树下长大的宝珠知道，自古磨难出才俊。司马迁，因李陵一案蒙受奇耻大辱，在备受曲解，遭到宫刑的情况下，发奋著书，完成了恢弘巨著《史记》的写作。古今中外，在事业上有所建树、成功的人士，他们成名之前大多数都经历着生活中的各种磨难。他们身处逆境，并不气馁，而是挑战荆棘，发愤进取。李时珍如果不是三次落榜，决心从医，他可能就不会写下医药巨著《本草纲目》；小仲马也是在多次退稿再投，受挫再三仍不弃不馁的情况下，终于创作出世界名著《茶花女》。逆境中成材的名人不胜枚举，他是在隐喻自己吗？其实这些，宝珠比谁都明白。宏喜和宝珠共同分享磨难。磨难的滋味是苦涩的，它可以使人望而生畏，退避三舍，不能自拔，更谈不上奋然而起，闯一番事业。但磨难也可以成为一所激励的学校，使人成熟、坚强、再接再厉、百折不挠。

宝珠对宏喜说，有时候，曲折坎坷造就了人生的美丽。特定时期，特殊历史，特别经历给人生投射寻找出路的毅力、智慧和勇气。并不是说磨难是人生的美丽，而是说经历人生酸苦之后生长出来一种意想不到的东西，那就是改变自己的雄心。你宏喜不就是这样吗？你不能改变历史，但可以改变自己。正如《西游记》里的取经者，历尽九九八十一磨难，从未怨天尤人，而是战妖斗魔，奋勇前行，到西天取得了真经。

是啊，宏喜感谢生活，感谢磨难，感谢历史终于重新审视自己，并为他洗刷莫须有的罪名，还他一身清白。

宏喜给宝珠的印象，他有着痛苦，但痛苦并未写在脸上。他把泪水洒在背后，在人前，还是保持那份浅浅的微笑。或许这微笑有些不自然，但他心中那份纯情依然真实，那是他纯情的笔墨所创造的纯情世界。是他心中的绿洲，是他唯一的欣慰。他正陶醉徜徉在自己的水墨世界里。

在两情相爱中，他们共同体会，磨难似乎以一波三折的形式来考验艺术家，他们俩都在迎接这种考验。宏喜的生命之根在故土，却几次被连根拔起。云台山的松涛要留他，黄海的涛韵要留他，他自己也想把根留住，却未能如愿。要走出困境，要突破重围，要改变现状，要杀出一条血路。可这，又谈何容易。有时候，路并不在脚下。路是闯出来的，荆棘丛生，你得奋勇前行。

宝珠理解宏喜，她说，天地之大，并不是所有的空间都属于你，也并不是所有空间不属于你，关键在于你的准备，在于你的突防能力。

宏喜很赞成宝珠，他连连自语：是啊，突防，向东？向西？向南？向北？他向自己发问，突向何方？无疑，他选择南下，打过长江，进军上海，单单一条汉子，却是自己的方面军、突击队，他这一壮举，令人刮目！此刻，他已不是他，他是另外一个他，凤凰涅槃，浴火重生，在他的星空，展现一片灿烂。新的境界、新的视野、新的感觉从未有过，甚至新的热血、新的激情、新的燃烧，使他换了一个生命，他在吟诵自己填词的《满庭芳》。

一张宣纸，能造一个世界。你的心里有着春风春雨，你的纸面上就有风声雨声。可像王宏喜这样淡泊、这样宁静、这样平和的画家，他守护着他的心念、他的志向。他只是想那卷宣纸，始终如一寻觅着寂静的山林、沸腾的海。是的，饱经沧桑的他，再度从连云港重归上海，十分渴望平和的生活。然而一生视绘画为生命的王宏喜，又无法不与笔墨为伴，只要提起笔来，又总是能在宣纸上掀起一股强劲的旋风。

现在，他已是上海美术馆的一位高级画师。坐在同一顶屋檐下的正是他的搭档潘宝珠。他们曾在一个单位工作，但很少交往，单位里的人都知道苏北佬一身土气，喜欢与他开玩笑，而他不以为然，一笑了之，这个封建意识特强的苏北人，后来怎么与上海小姐有了纠结，后来，再后来……人们发挥天才般的想象。

无缘不会走到一起。冰冷的心境却往往与火热交织。那时，他与潘宝珠的相遇是他的意外，是他的惊喜，是他的幸运。那时，他以她为知己，但不敢称红颜。那时，谁能相信，她以东方女性特有的仁慈、爱心、宽厚，把形销骨立、奄奄一息的王宏喜从厄运困境中拯救过来，进而在沪上共同走向一个交汇点，营造了一个充满温馨的家。

用不着戴假面具，相爱的眼神，无法被极度的冷静遮掩，宏喜和宝珠看起来很冷静，冷静得连他们自己都不相信，却在为彼此的幸福缔结一生。天之作合，以画为媒，在整整一生的幸福里，他把她当作生命的全部，他和她结为伉俪，珠联璧合，共创水墨世界一片天。这是上帝的恩宠。家庭、人生、事业，对一个人来说，比什么都重要，缺了哪一项都不算完整。这两个人拴在一起，就是一个圆满。谁将他们拴在一起？自然是丹青情缘，否则，你很难想象，他们如何成为天生一对，地设一双。

把一生的遭遇说给海洋听，海洋也会听得懂。宏喜和宝珠，将一颗水晶心捧给月下老人。而对周围的人，却像抽象派的画一样朦胧。这不是做政治报告，也不是讲科普常识，非要给你说个明白。有人猜疑，有人七嘴八舌，但他们都不知道这幕后的故事，也无法预知他们的未来。未来，在这两个画家的身上，还存在着悬念的未知数。

相爱是一杯浓酒，也是一壶清茶，只有品尝，才尝到其中的甘苦。今天生活在他们身边的人，也未必完全知晓他们的滋味，也未必知晓他们全部或局部最优美的答案，千古一道玄而又玄的命题，困扰多少来来往往的人。避开世俗握手，只要志气相投。让我怎样回答你，“世界上最遥远的距离不是生与死，而是我就站在你的面前，你却不知道我爱你”。他们一开始，也有许多不知道。今天，他们知道了，别人却还不知道，也用不着让别人知道。

婚姻是一次漫长的跋涉，彼此经营着从春到夏，从秋到冬。心手相牵，走过一生一世。从青涩到成熟，或甜或苦，都是爱的酿造，命中的注定，两情相愿，此生的聚首，或许决定来生。而今用明代沈受先《三元记·团圆》的话说道：“夫妻和顺从今定，这段姻缘夙世成，琴瑟和谐乐万春”，最恰当不过。

且不说是缘于信仰、是崇拜、还是爱慕，王宏喜在海上撒网，撒他的情网，网住了潘宝珠。这是大海馈赠给他的“瑰宝”、“珍珠”和“美人鱼”。好一个“渔翁”王宏喜，你的收获可不小啊，你何时划船荡桨，荡进了宝珠的浪花与海？用什么样的鱼钩，钩住了宝珠的芳心？议论者、猜想者、羡慕者，恰似“花港观鱼”，竟被这条“美人鱼”搅得满城风雨，纷纷扬言。即使你睿智如星，妙笔生花，你也难描绘爱情。爱情的红绣球抓在宝珠的手里，出人意料地抛给了宏喜。宏喜还未来得及考虑这么多。不过，你也不得不相信，众多画家是她的挚友，谁能想到她和王宏喜走得更近，终于，他们彼此成为各自的唯一，挽手虔诚地走进共同渴望的神圣殿堂，盟誓终生。

他们俩生活在一起，创作也在一起。在他们的画室，一张桌子，摊开的画纸，写什么，画什么，谁也不回避谁。构图、泼墨、上彩，凝视的往往是两双眼睛，议论的自然是两只嘴巴。他们彼此之间，既是对方的读者，也是对方的听者。

有人说，夫妻的结合，起先需要爱情，其次需要理智，再接下来，需要一种对人生的智慧。看来，这对由两个画家组成的夫妻，全靠由智慧经营自己了。

潘宝珠的眼光很严格，她总是毫不留情地直接指出丈夫作品中的不足，虽然不太入耳，可是王宏喜只要认为有道理便会虚心接受。潘宝珠与王宏喜的区别，是用女人的眼光看她的丈夫，看她丈夫的作品。她的眼光不止是犀利、不止是严格，甚至过于挑剔、过于苛刻。正是对丈夫，她提问题的方式就不那么宛转，直截了当，痛痛快快。

宝珠有自己的风格，她敢爱敢恨，独立而张扬，不为传统观念所束缚，以展现自我为使命，凭借美貌、智慧和女性的所有天赋，占据了宏喜的视野和灵魂。在宏喜眼里，宝珠是一本厚厚的书，可以读到内涵、气度，甚至禅意。正因为这样，不管宝珠的话是顺耳、还是刺耳，他都听。

一个人的快乐，不是因为他拥有得多，而是因为他计较得少，这就是王宏喜；因为他简单，他看这个世界就很简单。简单得连自己的影子都看不到，这就是王宏喜。正因为如此，所以他始终快乐，快乐地画画，快乐地写字，快乐地喝酒，快乐地倾听“好一朵茉莉花”。有时也不快乐，有时也生气，但是，他想到，生气，就是拿别人的过错来惩罚自己。原谅别人，就是善待自己。

有时，他也想，征服世界并不见得伟大，一个人能征服自己，才是世界上最伟大的人。把自己的欲望降到最低点，把自己的理性升华到最高点，就是圣人。

有人说，画家最好的偶像，是他的情人。王宏喜的偶像是谁？

他的笔知道，他的墨知道，他的色彩知道。他虽然没有说，他的心在说，他的情感在说。他在默默地画，默默地写，默默地默默……他画秦淮八艳，他画敦煌飞天，他画的古代侍女，都有潘宝珠的影子，王宏喜善于画，不善于说。在他的语言中，你绝对听不到他在想什么，可是他的画，却告诉了你。

文化魅力的大上海不缺人才，缺的是特殊贡献的人才。他以人物画独树一帜，受到了画界和政府部门的青睐。他在这里，依然踌躇满志小试牛刀，以作品示人，以作品交友，以作品投掷他的名声，头三脚踢出他的不同凡响，引起沪上同行和媒体的关注。他虽然深居简出，淡泊社交，而他的行踪已引起南北画坛和海内外艺术爱好者的关注。带着东西方文化交融、中国传统文化如何走向国际这一挑战性的课题，不久，王宏喜偕夫人将再次东游日本，再次风行天下，是王者归来的“王旋风”。

他和夫人开始打出组合拳。他们共同创作捐赠给东亚运的《莲卧观音图》，《新民晚报》特地载文介绍。上海迎宾馆、天益宾馆、城隍庙、玉佛寺、龙华寺等都挂有他的大作。他的一批新作还被中国艺术发展公司送往新加坡展览。画家三十多平方米的小屋，门庭若市，热情的索画者络绎不绝。日本、加拿大、美国、英国、新加坡以及台湾、香港等国家和地区的粉丝慕名而来，争相收藏他的作品，仅流传在日本的画就近千幅。岂料“文革”期间，市道不佳，他鬼使神差重返故里，而他，却以自己的画笔为家乡那方水土争得一份荣耀而荣耀。

海恋，大海之恋，仅仅有这些，就够了。但还不够，还添上几分苦涩，这是苦中带甜，甜中带涩！

我相信，每一个画家与诗人，都会爱大海，都会恋大海，我相信，王宏喜，比任何诗人、恋人对大海的爱，都更为深沉，更为热烈。我相信，在他的生命里，一半是大海，还有一半，也是大海。如果还有，就是他深深挚爱的知己红颜——潘宝珠。潘宝珠，是他心中的海。

第三章：海之魂

在写王宏喜和潘宝珠这本书的时候，我想向他提出一个问题，画人物画，什么是脊梁？什么是灵魂？其实他已经回答了我。他画海，是画闯海的人。一个闯字，概括了全部内涵。闯，是和风暴较劲；闯，是和巨浪摔打；闯，是和死神面对；闯，是和艰险游戏。他画的海，敲敲那些人物的画面，可以敲出骨骼铮铮发响的声音。灵魂看不到，却能摸得着。那些画面的人物，都是鲜活的，摸摸他们笑容里的纹路，你能感觉到，触痛你的手心，炙热、发麻，或许这就是灵魂与你的碰撞。艺术在于你的领悟，你领悟的，就是你的发现，你的获得……

2012年7月7日，我应约去新长江大酒店与王宏喜老两口子座谈，接待我们的是酒店董事长沈根兴先生。他是王宏喜的粉丝，也是一位收藏家。他收藏名家字画上万幅，数量最多的是王宏喜的佳作。我问他，你为什么对王宏喜的画情有独钟？他说王先生的画先辈认可、同行认可、社会认可，他是我们公认的艺术大师，我当然对他偏爱。他带领我参观了宾馆的大堂、会客室、贵宾厅、过道走廊以及他的卧室，随处可见他收藏的字画、玉器、木雕以及其他艺术品，其中最多的还是王宏喜的字画。他还直言不讳地告诉我，王先生的作品富有个性，柔美中见风骨，苍劲中见霸气，绚烂中见思想，质朴中见灵魂。他特别推崇《脊梁》这幅中国人物画。

《脊梁》这幅画，作为他的企业文化形象教材，不断用来启迪他的员工，做人要正直、要坦诚、要有骨气，要敢于面对困难，百折不挠。按照他的话说，这就是脊梁。他在他的话语中，不断地深化脊梁的含意：抗日战争时的脊梁，就是爱国，就是和鬼子血战到底，就是杀了头，也决不屈服，杨靖宇、张自忠等等，他们就是脊梁。王宏喜很赞成他的话，并插话：在我们这个时代，雷锋、焦裕禄、钱学森、王进喜等一大批共产党人就是脊梁，是他们，铸就了中华魂。作为一个共产党员画家，你不表现这些，表现什么？我非常欣赏王宏喜这种创作思想和他的爱国情怀，在他创作的许许多多作品中，虽然没有标明“脊梁”二字，就内容到形式，都是属于《脊梁》之系列。

说起《脊梁》，还有一段插曲。1987 年，在中国美术馆举办“江苏省中年画家作品进京展”，宏喜有七幅作品入选参展。其中《出海》在《红旗》杂志上发表，引起轰动，也引起一些传闻：王宏喜是不是在上面有人，要不然怎么能在党中央最高刊物上发表作品？《红旗》杂志从不发表国画的呀！为此当时地方报社总编写了《关于在红旗杂志上发表的一幅画》文章，以澄清各样的传说。其实这张画，完全来源于生活。在渔港码头上，宏喜见到三位年轻渔民抬起大号机械船上用的铁锚，他为他们那么大的力气所震撼，时隔多年后，他回到上海，连续加班，乘兴创作出一幅六尺见方的《出海图》，也是他创作“海系列”之一丈二匹大小的《脊梁》初稿。

惊人的尺幅、惊人的构图、惊人的气势、惊人的大手笔，这种惊人的大动作令人佩服。

依旧是那种粗犷的线条，依旧是那种豪放的色块，依旧是那种潇洒的画风，然而与以往不同的却是全新观念下，有着独特艺术理念的，给人留下巨大艺术空间的创作。

中国上下五千年，历尽战乱、天灾人祸，坎坷曲折、起伏跌宕、流血牺牲，我们的民族始终站立着，总有一种东西在支撑，这个东西是什么？是脊梁。从广义上来说，脊梁是道德、是文化、是理想、是信念、是信仰……这些闪耀在国家身上，就是盛而不衰的灵魂；这些，体现在一个人身上，就是人格，就是魅力。

宏喜所创作的老子、孔子、屈原、李白、杜甫等形神兼备的中国近百位历史文化名人图，无不体现中华民族的文化脊梁。

在中国画中，画人物画不易，画现代人物画更是艰辛，仅有绘画的才艺，没有深厚的生活底子，没有精到的立意，没有始终如一追求的那一种百折不挠的精神，是无法驾驭现代重大题材的，又何况是巨幅之作。

在南京的夫子庙，我们看到祭祀“万世师表”孔子的大成殿，有一幅高 6.5 米、宽 3.15 米，气势恢宏的孔子全身画像，令人叹为观止，拍手称绝。这就是他的问鼎之作，以“中华之最”而载入画史。

这是创作，更是创新。多少游客走到这里，都要驻足仰视，无不被这宽袖大袍、银须飘拂，顶天立地、气魄恢宏的画像撼动心灵。不能不说这是他在艺术上成功的突破，更是他在中国画开拓发展上的壮举。

画中国画难，还难在对主题的深化，对细节的把握，对神韵的表现上。其实画古人，也就是画现代人，用现代人的意识认知古人，用现代人的精神唤醒古人，这是审美的最高境界。

宏喜画孔子，当初感觉找不到，就把自己关在小屋子里，一连苦思冥想好几天，还是茫茫然，这恐怕还是立意问题、主题提炼问题。后来他想，画孔子，先找准他的魂，孔子的魂，还活在今天，这就是中华文化，这就是民族脊梁。孔子至今还被国人和世界民族所敬仰、所推崇、所供奉，是因为在他身上所集中体现的“礼”与“仁”，即在治国的方略上，孔子主张“为政以德”，用道德和礼教来治理国家是最高尚的治国之道。这种治国方略也叫“德治”或“礼治”。这种方略把德、礼施之于民，实际上已打破了传统的礼不下庶人的信条，打破了贵族和庶民间原有的一条重要界限。这一人道主义、社会政治思想和文化的精华，就是人类永恒的主题。

思前想后，以主题切入正题，以灵感点燃激情，以激情驱使画笔，泼墨弄毫，挥洒自如，不同凡响。这幅载入画史的中国之最的孔子画像，俨然超越时空，再度站立世人面前，今人与古人站在一起，在时间的地平线上，是历史的重叠，无前无后，以画像为立轴，转动漫天花雨，秋去春来。观者如潮，在这秦淮河，在这夫子庙，和先贤对视，有话要说，彼此倾听，可闻天籁。画家的作品提供给我们的意境，是历史人物的复活。活在当下，古人就是今人。揭成典礼，是国内外记者最活跃的时刻，跟踪、采访、拍照，却找不到王宏喜，他在哪里？是在海边揽尽远天帆影，还是在湖畔遐想“秦淮八艳”，或者为他的“脊梁”构思另一幅画图？

王宏喜对获奖并不看重，对几十家报刊的报道并不看重，对手捧鲜花的朋友前来祝贺并不看重，他看重的是潜心地作画，静静地生活；他看重的是隐居在上海西区的那间小楼打开一扇窗，对着明净的天空让心翼自在地飞。他的性格并不古怪，他从学画的那一日起，就躲避喧嚣，沉下心来，在一种恬静儒雅的艺术氛围中，致力于传统用笔，讲究施水设色，注重东方文化内涵，以他的那些包容质朴端雅的中国古典美的艺术作品，无论是山水画还是人物画，引起社会反响。

近年来，王宏喜的人物画创作还涉猎佛教艺术题材，他认为，在这一领域，也能创造一片精彩，也能塑造“脊梁”大作。

在东亚运动会即将召开之际，由《新民晚报》等联合举办的“95世界华人书画大展”中，他与夫人合作呈送中央电视台的《天佑中华》观音图，荣获了经文化部批准的“‘祖国万岁’俊隆杯”95华人书画艺术作品大赛大展的金奖。在北京人民大会堂颁奖那天，宏喜没有想到，全国人大常委会副委员长、党组成员，全国妇联主席陈至立在看画展时，竟在《天佑中华》画幅前停留脚步，看了又看，若有所思，然后将站在一旁的王宏喜拉到身边，对他说：“你画得很好，很有创意，这是对祖国最好的祝福，也是对东亚运动会良好的祝愿。”

王宏喜也未想到迟浩田将军就这个画展，在人民大会堂接见他们，并合影留念。更未料到还有一位人士愿出五十万人民币买下这幅力作。颁奖期间，组委会办公室接待了这位海外侨胞——詹天佑的孙子詹子龙。詹先生说他酷爱这幅八尺丹青，一是画出了人们对伟大祖国的衷心祝愿；二是画名“天佑中华”名字起得好，他爷爷的名字就是“天佑”，也蕴含着同样深层的涵义……参赛获奖的画还要到美国、欧洲、东南亚巡回展览，更何况赵朴初先生尽管在医院养病，也愿意在这幅画上留下墨宝，所以詹子龙先生买画的心愿难以了却。

这件事纯属巧合，他本意是表达一个愿望，用荷花画成中国地图为底座，托起观音像，意味着赐予和平、幸福、吉祥给祖国。祖国在宏喜的心中就是“脊梁”，祖国支撑着我们民族的昨天、今天、明天，千古不衰，万代繁盛。没想到《天佑中华》在无意中引出了“幽芳淡治仙为侣，傲骨嶙峋世所稀”的詹天佑一段佳话。詹天佑是“中国铁路之父”，我国的第一条铁路就是他设计并带领修建的，西方列强都认为中国人不可能修建出属于自己的铁路，但他做到了，他是我们人民的英雄，他无愧人们对他的尊称“中国的脊梁”。

一举夺得金奖，众望所归。细细看来，《天佑中华》、八仙系列、罗汉系列、观音百图系列等，笔墨虚渺，画风含蓄，收放有度，严谨认真而又不失大气。与此同时，他仍不断地深入社会，开掘生活，寻觅创作灵感，奔走于日本、美国、西欧、新加坡及港、澳、台地区，办展讲学，扩展作品新的表现空间。在旅日写生、旅台写生、黄山写生等作品中，他一往情深地遵循中国画理，努力创新，寻求艺术真谛，从而不断创作出富有“脊梁”性的艺术硕果。

梦圆世博，这是所有的画家都想表现的题材，宏喜的画笔也不甘沉默。回望 2002 年 12 月 3 日晚上 10 点 15 分那一个时刻，当他收看中心会场，从中央电视台、上海电视台、东方电视台、上海卫视、香港凤凰卫视中文台向海内外联合直播的节目得知，从地中海畔的摩纳哥传来特大喜讯——中国与韩国、俄罗斯、波兰、墨西哥这四个申办国家一番角逐，以 54 票获得了 2010 年上海世界博览会主办权。他由衷地喊出：我们终于成功啦！那一夜，他和祖国彻夜无眠。

在举办世博的日子里，他没有画世博园里载歌载舞欢腾的场景，没有画“城市，让生活更美好”的主题演绎的现实，没有画参展国给上海这个美丽的城市带来的异国风情，而是画了几个头戴安全帽普普通通的世博建设者。因为是他，世博会的神奇之树种在中国上海，让上海枝繁叶茂，无限风采；因为是他，世博会的神奇羽翼插在中国上海，让世界为之惊叹，漫天华彩；因为是他，这座屹立在太平洋西海岸的名城，又一次振奋腾飞。他是世博建设者，他是千千万万建设者的代表，如果没有他们，办世博，又从何谈起。他和他们的群体，是中国的脊梁！

他的脊梁之作还不止这些。他描绘的《祖国万岁》，以宏大场面、浩荡气势、壮观景象，震人魂魄。画面上五十六只鸽子以不同的姿式飞过天安门上空，阳光梳理的羽毛似乎滑下阳光的声音。五十六个民族的兄弟姐妹，穿着不同的服饰，做着不同的动作，手持不同的乐器，或舞蹈、或歌唱、或吟诵、或阐述、或交流、或对白，以同一种幸福娱悦的表情，在和谐大家园中，由衷地抒发对伟大祖国眷恋的亲缘。

无疑，五十六个民族，风雨同舟，精诚团结，意气风发，在奔向小康生活进程中，冲破一切阻力、引爆所有障碍，排除内部和外部的干扰，挑战巅峰，始终不渝地奔向辉煌的顶点。这就是宏喜所画的脊梁，这就是宏喜心目中不可改变的脊梁。

他画的脊梁，不止是那人、那场景、那传奇、那故事，那或明或暗或鲜美的色块，还有，在他更深层次的背后，是他深深挚爱的人民和祖国。

在王宏喜“脊梁”的作品中，不仅是具体的人物骨气，在他的意念中，他意图表达的是民族的脊梁，国家的脊梁。这是一种宽泛意义上的脊梁，伟大意义上的脊梁。这脊梁是文化的涵盖，涵盖在他作品中的文化、理念处处可见。

他画脊梁，他自己也挺起了脊梁。在他的画板上，他想象自己和渔民一同扛起巨大的锚，显示力量、显示恒心、显示不可抗拒的意志和百折不挠的精神。他和自己同胞的脊梁，他和自己民族的脊梁，无论碰到什么样的灾难，或者什么样的战争，都能扛得住，这就是他们认定的属于大海的魂魄。

王宏喜画的《脊梁》表达的是一种艰苦奋斗、自强不屈、无私奉献、勇于牺牲的民族精神。

在王宏喜看来，画海，就是画人，海也是人，人也是海，人有脊梁，海也有脊梁。海的脊梁，是博大、是深邃、是柔韧的坚毅，是不倦进击。海有生命，海有情感，海有喜怒哀乐，海有灵魂。在他看来，无论画什么，哪怕画一片绿叶，都应该见思想、见意韵、见精神，这些就是灵魂，就是脊梁。离开这个，就没有血色、没有风骨、没有气韵，都是苍白无力的。

正如一个人，没有灵魂，没有脊梁，仅仅是行尸走肉，是一具躯壳。画画，首先是构图，是怀想、是设计，在动笔之前，必然想到怎么画，画什么，表达的思想是什么。王宏喜画庄子首先想到的是，他是著名思想家、哲学家、文学家，是道家学派的代表人物，是老子哲学思想的继承者和发展者，先秦庄子学派的创始人。他的学说涵盖着当时社会生活的方方面面，但根本精神还是归依于老子的哲学。后世将他与老子并称为“老庄”，他们的哲学为“老庄哲学”。这些历史大背景了然于胸，然后考虑表达形式，考虑做梦，梦中飞出蝴蝶。

当然，思想是画不出的，必须赋予载体的依托，必须将他的精神和气度都融入在笔墨之间，显现出来的神情不仅能意会也能言传。画曹植也是这样，还未着墨，就想到曹植著名的《七步诗》：“煮豆持作羹，漉菽以为汁。萁在釜下燃，豆在釜中泣。本是同根生，相煎何太急。”曹植是三国时魏国诗人、文学家，是曹操与武宣卞皇后所生的第三子。曹植才华横溢，曾以《七步诗》闻名天下。画曹植，宏喜也想，曹植是古人，死了这么多年，为什么要画他，画他有什么意义？

画古人，是画给今天人看的，曹植死了，他的思想还活着，他的艺术还活着，他的诗还活着，这就是灵魂，这就是脊梁。脊梁无影于《七步诗》中，用同根而生的萁和豆来比喻同父共母的兄弟，用萁煎其豆来比喻同胞骨肉的哥哥残害弟弟，表现了作者对兄弟相逼、骨肉相残的厌恶。他的立意虽然没有说，但我们可以想象出，他是在用艺术启迪人、感召人。一个家庭，不要窝里斗；一个民族，不要相残；一个国家，不要分裂。洋为中用，古为今用，用得多好啊。

画王维，宏喜酝酿很久，他欣赏王维的诗，是诗中有画，画中有诗，是诗画中刚柔相济的“骨与肉”。那脍炙人口的“大漠孤烟直，长河落日圆”、“明月松间照，清泉石上流”常常使他屡屡提笔，屡屡放下，他考虑再三。为什么想画这个人？画王维就是画他的诗，宏喜要画王维，就是要创造一个更新的王维，一个有灵魂、有脊梁的王维，一个现代的王维。王维写诗，以对大自然敏锐的感受，抓住自然的色彩、声音和动态，或素描，或刻画，挥洒自如，意境独到。他画的王维，是对王维的提炼和补充，他补充自己寄予的理想、美质和境界。他的画虽然不是诗，但更为诗化。他画李白、杜甫、白居易、岑参、颜真卿、王夫之、韩愈，都赋予了这些历史人物个人的思想、意志和情感的色彩，画家只是借用一个符号纵情发挥，把想要说的，都用笔的嘴巴说出来，把想要做的，都让线条做到了。

王宏喜有着自己的脊梁，有着自己的傲骨。他有过灾难，但没有屈服；无数的苦楚，都被自己吞进肚里。他坦然对待生活，对待人生。他无求权势，也不需要违心去做什么，或伸手要什么。这就难免被别人说不合时宜、食古不化。吃亏是常有的事，碰壁，也不奇怪。走后门，溜须拍马对他来说全然不通。主宰他前途命运的“领导”向他要墨宝、求字画，暗示给他什么“好处”。“好处”，当然好，当他没有趁机做什么交换，自然也就拿不到“好处”。他厌恶的目光被勉强的微笑遮盖，冷不冷热不热地说了一句：“这字画……我现在不能给你，这是时机问题，因为你现在还在台上，还在当我的领导，给了你字画怕影响不好。等你下台了，我一定给你。”“下台”？这是“领导”最忌讳的字眼，你怎么就大胆地说出来了呢？你不怕再给你扣一顶大帽子，再穿一次小鞋？“等你下台了，我一定给你”，这几乎让人难以置信的承诺。在台上，我向你伸手，下了台，你还理睬我吗？这是“领导”肚里的话。无欲则刚，刚，就是傲骨，就是脊梁。

追溯历史长河，扬帆千载，荡桨万里，为什么中华神舟颠簸变革潮头，永不沉沦？迎着复兴的伟大曙光，穿越一个又一个艰难卓绝的里程，是因为我们有着信念的支撑，理想的支撑，先锋的支撑，旗帜的支撑，这是我们的灵魂与脊梁。宏喜一语道破真蒂。

鲁迅曾经说过：“ 中国自古以来，就有埋头苦干的人，就有拼命硬干的人，就有为民请命的人，就有舍身求法的人。——他们是中国的脊梁。”

他画脊梁，他的笔在飞，他的思想在飞，他的色彩在飞。想象的翅膀俯触海浪哗哗作响。他飞的高度和低度，不是一张张画纸所能框定，在这有限空间里，含纳着无垠、无限、无际。

第四章：海之望

他是望海者，而海洋，是他的一瞥，伸展眼睛，不论怎么望，还是魂断天涯，梦断天涯。远方，无影无踪。海浪，以火的舌头，舔痛他的心，蓝色的火焰，不管过去多少年，还是在他的心头舔着，舔着，始终无法愈合他的伤口，无法止住他心中流淌的血，那是他真正感情的色彩。他画的画，不随时间的推移而暗淡，不随岁月的变迁而销蚀。反之，却越发显得光辉和珍贵。

他是望海者，而渔民的心，是他的另一瞥。不论怎么望，心灵的大海，总是潮起潮落。希望、期待、悲叹、绝望、泪、血都在潮头上，他在别人的悲剧里，流着自己的泪，他的泪，他的心，只是这大海的一角，他的潮和渔民的心潮共起伏，同跌宕……

他生长在海边，他常常听说渔民讲那触目惊心的沉船、触礁、碰撞、火灾、爆炸的海难，脑子里难免出现争扎、绝望、无助以及撕裂心肺悲号的画面，沉重压得他喘不过气来，我们很难把这样的字眼与坚强、力量等字眼联想到一起，然而我们的画家运用海难这一题材，却让我们从悲剧的阴影中解脱，看到了渔民那种沉稳、刚毅与坚强，他们一代代与大海相守，既分享大海给予的幸福与欢乐，又经受海啸、风暴一次次灾难性打击的考验。

他是望海者，海也望他，这个大海之子，时常站在地平线上，或是海岸线上，阳光里无语，沉默的油彩，涂满他的面容，刚刚听完海难故事的他，不禁想起大人曾经说过的那些话：你不到一岁半，就遇到过海啸，那时，妈妈将你抱到水缸里，漂在院子的角落，你才逃过一劫。

海难，不承认青春与生命，以空前的灾难吞噬一切。宏喜把忧伤和愁云磨成墨，握住沉重的笔，要把海难搬到画框里，要让人们在他的画幅上，听到哭喊、听到呼救、听到挣扎、听到对大自然疯狂的无奈，但不仅为了这些。

宏喜说，海难是可怕的，更可怕的是人们对海难丧失了警觉。过去的年月，背离科学的无知，竟把命运交给从未见过面的神灵看管，尽管烧香、磕头、祭拜，尽管心诚，无限的托付，海一个转身，变成陌路，让她的儿女，久久不归。

渔民们望海，在风暴之夜，只能在海面上望到漂浮物，和那些望海者颤栗的身影。宏喜望海，望见了什么？望见了福建东山岛流泪的寡妇村，望见了1949年仲夏一个撕裂人心的日子，一场兵灾就将这个村的男人全部抓兵到了台湾，小岛一夜之间成为没有男人的“寡妇村”。岛上的女人们一起立誓今世侍奉公婆，给丈夫留一个家，留一个回家的期待。期待几十年酷暑寒冬，可这个村，没有回来一个男人。男人啊，你真无望了吗？这一个个破碎的家，始终是空守，始终是空寂；这一个个走到绝望悬崖边上的女人，却守着一个信念，男人是要回来的，因为这里有他的家。她们不知道她们的男人在海峡那边是什么样的境遇，她们每天向海神祈祷，日子在没有爱的无穷尽的等待与盼望、希望与失望、诱惑与坚守、骚动与疯狂中度过。辗转在两岸之间的家书，又在哪里？哪怕是片只文字，也能成为牵系亲情的纽带，也能演绎了一段“家”和“爱”的传奇。

他望海，他终究跨过了历史的浅滩，借办画展之机，顺便为这些寡妇们寻找“另一半”。可这“另一半”又在哪里？来也匆匆，去也匆匆，他能给这些海边乡亲找到多少破镜重圆的希望？

打开记忆的阀门，思绪的波涛汹涌而出，时时冲击宏喜的情怀。1948、1949年间，国民党兵败如山倒，大势已去，再也无法摆脱惨遭灭亡的厄运。四面楚歌，八方重围，唯一的退路就是孤岛台湾。台湾，一夜之间，成了国民党王朝最后落幕的另一个舞台，也是“寡妇村”的寡妇们遥望不可及的噩梦之地。

国民党官兵离开大陆去台湾，留下了自己的女人久久不归……那种心酸、苦楚，那些宏喜画的画，仿佛是用女人的泪画的，从线条与色彩中，感受咸涩。

宏喜望海，无尽地望。他的心揉碎了蔚蓝。蔚蓝在他的画面上，也是破碎的。他画的画，尽是多少破碎的家庭破碎的梦，他的一笔一划都是带着无声的泣有声的泪。

尽管如此，女人们还是把一线希望寄托在悬念之中。随着时间的迁徙，大陆和台湾各自打开了久久关闭的门户，中华儿女一家亲的血脉在民间早已伸延，乡情、亲情的彩虹横跨天际，破冰之舟终于向各自方向驶去，一张张面孔带着陌生的微笑，去和一个陌生的世界握手。两岸来往增多，当年除国民党机关军政人员外，大部分是被抓壮丁而随国民党去台湾的人们，有些是宏喜童年要好的伙伴，他们现在如何？时间久远，能否找到他们的身影？有许多人年岁已高，是否还健在？据“海州文献”统计，海属地区有上千人旅居台湾。王宏喜夫妇在1995年、1997年和2000年先后三次赴台湾讲学办展，每次去拜会江苏老乡是必要的日程。

2000年去台湾时，前两次见到的老人中，大都作古，他们日日思乡夜夜梦，久久地等待、等待，但还是没有等到海峡两岸统一的这一天，抱憾终生无以圆梦！他们中有几位是国民党军队校级军官，有两位是爱国的将军，曾在抗战中与共产党联手，同仇敌忾，歼灭贼寇，战功卓著，人们不会忘记他们，也应该纪念他们。宏喜夫妇择日而行，来到台湾四明山军官墓地，寻寻觅觅，在芳草丛中，找到这两位将军的墓碑，恭恭敬敬地献上一束百合花，肃立良久，心里在诉说着往事，可隔世的邮路，谁能传递他们的心声？如果彩笔能够沟通阴阳天地，他们会以画为桥，跨越天上人间。

宏喜夫妇，赴台参展作品，心情是很激动的。参加开幕式那天，下榻台北“总统府”后门对面的“国军英雄馆”，这是专门接待国民党老兵的场所。大堂里经常见到银鬓白发的一些老人，三五成群，议论台北当局如何如何，李登辉如何如何。“台独”不得人心，卖国走的是不归之路，与大陆对立没有好下场，言辞激烈，情绪激昂。在这些同乡中有几位是宏喜认识的“老兵”，他们都是因蒋家王朝的垮台，在1948、1949年间从浙江、上海等沿海地带逃离大陆到台湾的，而今都是七八十岁的老人了，大都晚景惨淡。与宏喜同坐一起的一位名叫孙音，人称孙二爷，1948年被强迫抓壮丁，从舟山逃至台北，在国民党的队伍里服役，退休后，靠每月一万新台币维持生活。六十年代，他娶了高山族的女人，因无力养家糊口，女人离他而去。孙音如今孑然一身，与孤独相伴，和离愁相偎。大陆开放后，释放善意，很多老兵纷纷启程，回大陆家乡探亲访友，而他却未能如愿。问他为什么这么多年不回乡看看，他低头说是“回家不起啊”！回去一趟，至少要准备一二十只金戒指，口袋空空，哪里能掏得出。宏喜看到的这位佝偻身躯慢走慢行的消瘦老人，心里不是滋味。

滞留台湾老乡有近千人，他们见到宏喜夫妇，就像见到自己的亲人，那种感情，是无法形容的。他们商议，轮流请宏喜夫妇做客，而孙二爷请不起，只能在马路边找个小吃铺，请他们吃早点。他佝偻着腰背，从马路对面走过来的模样，再次使宏喜想起家乡当年兵荒马乱，战事连绵动荡不安的岁月，感慨颇多，无法平静。他回到宾馆，躺在床上，睡不着啊。一连几个夜晚，辗转难眠，几经构思，终于起笔、落笔，创作了一幅《老兵》国画。宏喜以这幅《老兵》感叹老兵；老兵面对《老兵》感叹他们自己，生在海边，长在海边，可他们的余生却在海岛上度过。人说故土难离，他们还是离开了故土。天水一方，他们何时能再回故土？与家人团圆，尽享天伦之乐？

第三次去台北，是为了纪念谢晋元将军抗战六十周年，沪、台、韩埠三地联袂，举办一次隆重的书画大展。宏喜和夫人应邀参加。他们带着自己画的《谢晋元将军像》，算是对谢晋元的缅怀与敬重。谢晋元，是宏喜心中崇拜的抗日英雄。1937年在淞沪会战中，他被刺身亡，这是国之大耻、大痛、大悲。“八一三”抗战爆发后，日军屡受重挫，不断增调援兵。10月26日，日军突破大场防线，企图切断闸北、江湾中国军队的后路，形势十分危急。谢晋元临危受命，率第五二四团第一营官兵411人向南推移，留守闸北，掩护大部队撤退。此时的谢晋元，带领部队穿过敌人猛烈的炮火，于27日凌晨二时进驻苏州河北的四行仓库，死守四天四夜，击退日军六次进攻，毙敌数百人，被当时的报纸媒体，与楚汉相争时田横的八百义士作比较，被称作是“八百壮士”，而谢晋元的英名也被人民广为传颂。对这样英雄的敬仰，王宏喜无以言表，他的画作，就是他的心语。他的作品摆在展台上，如果谢晋元的在天之灵能够看上一眼，那是他最大的欣慰。

他望海，他的心被一层层波澜推向远方。远方是什么？没有答案。他的幻想、他的遐想、他的冥想，被一种感觉驱使，大笔一挥，除了感觉，还是感觉。

他感觉到了，在东南沿海另一个“寡妇村”，不同的命运，却是同样的血，同样的泪。多年前，一场强台风使出海的男人全部遇难，村中留下了许多的女人，这个村也就成了“寡妇村”。这个小村落里有着奇特的婚俗：妻子只有在清明、中秋和除夕夜才可到夫家；成亲不满三年夫妻不许同床，三年后妻子若不生孩子又要受到耻笑。清明之夜，女人们纷纷来到夫家。女人和男人结婚三年，每次都是和丈夫隔帘相坐，至今连丈夫的模样都不知道。宏喜在他的感觉里，连叹三声：苦啊！苦啊！女人啊！

他感受“寡妇村”的苦，苦海无涯，绿岸又在何方？他望海，望在那里长眠的兄弟以及海难中活着的寡妇们，他的笔流着他的同情、他的泪，他涂抹在纸面上的是他心灵的血；他望海，望着海的悲泣，望着寡妇村的哭泣，宏喜的心也在哭泣，他的笔也在哭泣，他画寡妇村，是在画一叠叠涛声絮语从寂静中抛向远去灵魂的悼歌。他望海，他的目光和渔民的目光交织，他不想看到悲剧，可悲剧却在难以预测中上演。

悲剧并不能阻止渔民上船，也不能阻止他跟着渔民上船，无情的天灾震撼了无数人的心灵，唤醒了所有人的爱心，将所有的人凝聚在一起，将人们的心永远拧在一起，所有的一切会共同度过！忘记悲伤憧憬美好的未来，亲爱的兄弟姐妹，你们有我们并不孤单，我们永远是一家人！

是啊，我们是一家人。只有一家人才会走到一起。望海，只是向前跨了一步，就跨到了台湾，跨到了宝岛，跨到了属于自己的故事。宏喜每一次到了台湾，便有了他每一次的影响，便有了他每一次的作品。他画的《槟榔西施》，一传十，十传百，很快传遍台南台北，家喻户晓。也许有人不知道画《槟榔西施》的人是谁，但无人不知道《槟榔西施》。自那以后，好多大陆旅客到台湾，都要打听，槟榔西施在哪里？谁是槟榔西施？好多台湾卖槟榔的女孩，说画家画的是她。究竟谁是槟榔西施作者？只有王宏喜最清楚。

1996年，王宏喜夫妇应台湾东亚艺术研究会和海峡文献社的邀请赴台湾交流，并于台北中西艺术院举办夫妇画展。在台期间由海峡文献社的一些朋友轮流带他们去观光，熟悉台湾的风土人情。

一次，宏喜的一个老乡儿子大毛，开着车陪宏喜夫妇出门观风景，一路上大毛滔滔不绝地介绍本地的奇闻轶事，车子在台北马路上奔驰着，宏喜看见马路不少小摊贩，大毛介绍这些摊位都是卖槟榔的，当地流行吃一种槟榔的果实，说是能提神，而摆这些小摊的摊贩很多是女孩，为吸引顾客，她们打扮很入时，通常都是穿着吊带衫、超短裙和夹脚趾的拖鞋，人们称她们为槟榔西施。当时王宏喜眼前一亮，他认为这个题材好，反映台湾底层人生活的一个侧面。回上海后别的事没有干，就着手画《槟榔西施》和一批反映台湾风土人情的作品。

2006年由上海文广集团对外文化联谊会主办了《宝岛印象》展览、上海美术展览，展出的作品是《槟榔西施》《魂归双溪》等，大多数油画家展示的文化题材是新的风景。采访的媒体有“东森电视”、“中天电视”、“中央通讯社”、“时报周刊”和“青年报社”，海外记者想了解作者的创作立意是什么，想对这幅《槟榔西施》探个究竟。当时台中有几个槟榔西施，都声称自己就是画家画中的原型，说明这幅画的确在台湾引起轰动。王宏喜也感觉到，这是一个意外的收获。他明白，他根本的收获，就是绘画创作，只有贴近劳动人民，贴近生活，才受到社会欢迎。

望海，望到海的尽头，却又望不尽另一个海。艺海无涯，他还在望着、望着，海之望……这回又有谁在望他们，在期待他们?

第五章：海之韵

我喜欢读诗，也喜欢读画，读富有诗意的画，读充满韵味的画，这就使我读王宏喜、读潘宝珠，这对画家、这对夫妻就是一张画。而他们的作品，是画中的画、画中的诗。他们根据古诗词，从创意、笔墨、造型、构图等方面，都有较大突破，颇见这二位“实力派”画家的功力和才气。他们酝酿制作“李清照”、“石头记”、“十八罗汉”、“观音”等系列作品，都出手不凡。

“大海之子”、画家王宏喜早年创作的《出海》《练海》《海港晨渡》《渔港晨曲》《海带姑娘》《耘海图》等作品，笔触或温馨、或粗犷、或委婉、或含蓄、或夸张，将大海与人之间互为依存的关联，表现得淋漓尽致、精彩纷呈。

在这里，王宏喜是用他的心画海，他的笔尖上蘸的不仅是墨、是色彩，更是他的热血、激情和感怀。他高远的理想，他浪漫主义的色泽，他浓浓的思乡之情，融为他的豪放、狂想、依恋、玄幻。他尽兴地泼洒，任意地勾描、随意地渲染。他把更多的笔墨放在大潮迭起的时代变迁上，放在渔民生活的现实上，放在他的追求与渴望上。他所揭示的民生、民意、民情，正是他的心愿与良知。

为此，他的日程表将他倒记时的创作计划安排得满满。几乎每隔一段时间他都要携同夫人潘宝珠回到故乡，回到大海渔村，回到他孩提时代筑梦的王国。尽管岁月随风而去，他总觉得前缘未尽，却要追逐今生与来生。他兴致勃勃地到张大伯家同喝一壶酒，到李阿四家同忆少年狂。在飘着稻香和渔香的日子里，他从来没有说“采风”二字。“采风”，乡亲们听不懂，太文气，只是说，回家看看，我太想念你们了。乡亲们也由衷地说，我们也想念你！想念是真的，采风也是真的。就这样，他把大海搬到画夹上，把渔民的生活搬到画夹上，把乡亲们的喜怒哀乐搬到画夹上，把憧憬和向往搬到画夹上。难怪渔民们在宏喜的笔下找到自己的呼吸、心驰、神念，他们指着画中的这个或那个人物说：这就是我。这不仅是一个具体的“我”，更是众多“我”的组合，其中包涵王宏喜的“我”在内。当然，也有宏喜的夫人宝珠的“我”。

王宏喜画大海、画渔民、画改革、画开放、画转型后渔村翻天覆地使他无法辨认的新面孔，这是他朝思暮想的期盼，如今他盼到了，他看到了，乡亲们过上了好日子，他开心啊！每回渔村一趟，都对爱妻说：不虚此行。在挥别海滩的时刻，他们对大海说：我们会再来的！再来！翩然而临的再来，不知来了多少回、多少趟？大海清醒记得，而他们自己却模糊了。

王宏喜画现代的堤岸、画现代的大海、画现代的人物得心应手，随意拈来。他认为，中国画偏于心，偏于中和、理性，好比民乐、服饰、京剧、中医、民族舞、中餐。西画偏于物，偏于刺激，这又好比交响乐、话剧、西医、芭蕾、西餐，这两者，他交叉使用，十分把握。画历史长河激荡的人物画也是心到手到，水到渠成。历史人物的造像在他的手里，不是简单的描摹，而是对其个性、特征精确地设计、精准地掌控，并置于历史变革大潮颠簸中摔打、跌撞、回旋，以求在大趋势、大背景下，表现人物内心冲突和命运坎坷。因此，他选择的表现对象富有典型性、代表性。自然，他所表现过的大禹、孔子、陶渊明、李清照、郑板桥等，给人们是那份难得的艺术享受。或许是他经历了太多的大劫大难，他的笔底时时涌动太多的澎湃之气。生命尚未撞成碎片，灵魂依然完整，劫后余生的他，依旧昂立画坛，放牧彩色之韵。

王宏喜擅长人物画，兼攻山水、诗、书、印，可谓是样样在行的多面手。他画李白、苏轼，神韵飘逸，豪放孤傲；他画八仙云游，天马行空，立意高远；他画秦淮八艳，风韵可人，绝美动情。他们的人生历练、磨难，铸造了他们的风骨。这些画中人，这些历朝历代的审美对象，虽然他们的真身不再存留，可他们在艺术家的作品里却是永生。他们作为中华民族的文化瑰宝镌刻丰碑于不朽。

有人说王宏喜是“全能的天才画家”，我觉得这并不是画家值得称赞之处。确实，王宏喜非常“能”，画什么都能，但是，这对一个经过造型能力严格训练的画家来说并不足道，难的不是“全能”，而是能把自己最深的感动，用艺术的手段表现出来。能的是，他捧出了洪钟大吕气壮山河的力作；能的是，他驾驭人物众多、形态各异诗画天地的千军万马。画大、画小、画古、画今，他都能，大到画《五百罗汉图》《五十六个民族是一家》；小到画一个渔姑、一个战士、一个孩童，都能随意玩转。

作为一位学者型的画家，王宏喜博览群书，天资聪明的他，小时候过目成诵，背诵“四书五经”、唐诗宋词经久不忘，至今还能脱口而出。通过苦读、精读古典文化作品，产生熏陶，引起共鸣，以感知去激活远逝的历史，将无影的记忆转为视觉图像，以其合理的造型结构、精湛的笔墨技艺、丰厚的知识积淀、不同凡响的功力，使画面上的人物形象，与自身的人生经历、审美观照有了某种程度的契合，并自觉或不自觉地把自己在人生中的跌宕经历和悲欢况味，熔铸在活生生的画幅之中。

在使笔运墨、敷彩设色等方面，王宏喜以线为骨，强调人物的形体、虚实、明暗、节奏、动势等，依赖刚柔强弱、长短粗细、轻重疾徐、转折顿挫、浓淡干湿的线条来体现画法迥异。其水墨人物画，笔墨风格雄奇苍润，用笔多骨多力，笔笔交错，形成体积感、空间感和明暗感，而笔势则富于力量和动感，以特有的艺术语汇，致力于各种不同的笔法和墨法，焦墨、淡墨运用，以积墨求深厚，画出苍润，刻意追求色彩的主观能动性和个性化，通过墨色的层层渍染和晕染，使画面产生丰富的层次感、质朴感和浮雕感，赋予形象以历史的沧桑感、厚重感。

王宏喜应觉醒大和尚之邀，用两年时间创作的长 150 米、高 0.7 米，由 110 张四尺宣纸联缀而成的《五百罗汉图》，其长度比宋代画家张择端创作的中华第一长卷——长 5.18 米、高 0.245 米的《清明上河图》多出 28 倍，是迄今为止海内外画家创作的最长的长卷作品。全图以人为主，巧妙地调动了人物在空间位置上的变化，精细地刻画了五百罗汉、二百侍人，以及活跃其间的飞龙、猛虎、骏马、骆驼、大象、凤凰、仙鹤、游鱼、犬、牛、鹿……构图布局分段分场次地展示出人物、动物和天地山川等自然景物，保持了视觉流动的过程。舒展长卷，满纸生辉，众罗汉随清气扑面而来，共生共荣，共襄盛世。在他用笔之时，演绎着一出太平盛世。

《五百罗汉图》，从宗教和历史的视角切入普通人的生活，具有强烈的人文意识。以夸张变异的手法，把常人变成奇人、神人、怪人，超凡脱俗，不拘一格， 其构图严谨，虚实得当，简洁明快，疏密有致，取舍有度，人物形象跃然纸上，形态生动自然，栩栩如生，其独具匠心，体现出绝妙的魅力、魔力，富有情趣，令人叹为观止，拍案叫绝。这幅堪称世界之最、被上海玉佛寺收藏成为“镇寺之宝”的作品，把握以画人物为中心，破除流俗，舍弃繁杂，惜墨如金，采用四两拨千斤，以少胜多、以虚衬实的手法，使一个个活脱脱的人物呼之欲出。王宏喜给我们的启示——艺术家只有在追求个性中产生独特，他的作品才能成为千古传奇。

“十八罗汉拜观音”是人们耳熟能详的传说，宏喜以此为素材，将他们搬到纸面上，使我们从中感受到南海和风荡漾，柔波起伏，旗幡连云，鼓乐轻和。曾经呼风唤雨、追风托日、力拔乾坤的诸罗们，一改往日狂放不羁，虔诚地拜谒观音菩萨，举天同庆修成正果。那是一幅多么喜庆的大结局啊！

博大精深的佛教文化和人世沧桑的崇高理想，在这里实现了完美的糅合。没有生活，就没有创造；没有创造，必然平淡无奇。不熟悉生活中的人，创作就流于概念化、空洞化、抽象化，就谈不上人物塑造。如果是这样，即使创作出来作品，也是千人一面，千腔一调，苍白无力。画画如此，其他艺术门类也是一样。宏喜画的罗汉、观音、佳人、侍女，都是我们生活中的人，从他们的身上，你可以找到自己的影子，你会感觉他或她只是根据传说中的人物和我们身边的偶像，加以想象、联想，描绘出神仙或其他人物的传奇。其实神仙也是人，他们除了来时一道光，去时一阵风，其他与我们常人没有什么区别。将我们今天的专家、教授、学者、农民工、教师、学生、孩童，换个时代、换个角色、换身服饰，你说他是神仙，就是神仙。谁也没有见过神仙，神仙都是人造的，也是人画的。

王宏喜的人物画大气磅礴，遒劲灵动，豪情激荡，神采飞扬，甚至还带有王者的霸气。他的风格又不局限阳刚之美，他还善于表达阴柔之美。他画的观音以及古代的侍女妩媚、柔曼、温婉、典雅，这是他另一大特长。王宏喜知道，观音是慈悲的化身，是平安的护神，对老百姓而言，观音代表着善良、美丽、公正、平安、幸福，观音是人们美好愿望形象的体现。

王宏喜还知道，画观音的人不计其数，唐朝的画圣吴道子、元代的翰林学士赵孟頫、明代工笔女画家周淑禧，都是画观音的高手。他们或画观音半身莲花坐像，或画“亦男亦女”观音菩萨，或画“千手观音”，或画“送子菩萨”。王宏喜画观音，考虑最多的是，前人画的，你不要雷同；后人画的，你是典范；你自己画的，你要超越自己。每个人都是一片森林，所有的树木都不相同，个性化就是唯一。你画观音，你的观音就是你的个性。如何超越前人，也超越自己，如何在“像”与“不像”之间画出“最像”与“不像”的观音？这就是王宏喜的命题与思考。

宏喜根据敦煌文献和民间传说，考察了龙华寺、玉佛寺、敦煌莫高窟等大小庙宇中观音菩萨的雕像，首先让观音在自己的心目中“活起来”，使自己的心、手、笔“活起来”，有“感觉”，有“灵验”，然后进入创作过程，描绘人们祈求逢凶化吉，遇难呈祥，“普济世人”、“慈悲救苦”的观音形象，体现出中国神话这一深层文化特色。观音在他的画面上就是“母爱、慈爱”，这一品格表现得十分明显，是一种博大情感的符号，是民间观音信仰的艺术再现。

王宏喜的夫人潘宝珠也画观音。她画的观音与先生既有异曲同工之处，也有自己独到见长。她画观音，新奇瑰丽，画风婉约，富有撞击眼球的冲击力。这时你看到，观音从玉身到装饰无不细致入微，生动鲜明，栩栩如生，笑容可掬，呼之欲出，仿佛一支心香就能让观音走下神坛。

画观音，他们夫妻也合作，不分主次，同时动笔，这种珠联璧合、琴瑟谐和，我中有你、你中有我的作品，恐怕是另一种韵致了。

画《金陵十二钗》，宏喜夫妇，同在一个画面上，或是围绕一件事，或是围绕一个话题，或是围绕一首诗、一个曲调，或是为了别的什么……产生不同的反应，表达的情绪，都是彼此关联，绝非孤立，这正是画家的和韵绝妙之处。

潘宝珠是一位风格细腻的人物画家，她的作品题材广泛，意味隽永。她以娴熟的技巧，纯用线描，周到细腻。在粗与细、明与暗、重与轻、浓与淡上，都形成了强烈的对比。其代表作《李清照词意图》以其婉约的风格、诗意的笔墨令人回味无穷，深得行家的赞誉，其中包括她的先生。

在谈到《李清照词意图》时，宏喜对自己的妻子评价颇为客观：她善于抒情造境，以柔情泼墨，以虚带实，以实见虚。形为实见，神为虚显。虚实结合，藏神蓄意，韵味无穷，流转如珠，富有诗韵美、音乐美。一支传神之笔，赋予满纸鲜活生命，能观其色，更闻其声。“词意图”，贵在意，对她的人物画来说，意在不言中。打开画卷，对画图不禁追问，芭蕉树旁美人是谁？是淑女，还是词人李清照？让人猜想。芭蕉阔叶舒展，伊人如梦，相映之中，有静有动，可谓“绿肥红瘦”，情景动人。于不经意处体现了画家的匠心。李清照的词意，原只言意，不见图，实为虚，经过画家想象的显影，图更显意了。

李清照《醉花荫》别具一格，语言新颖凝炼，一个醉字，醉了千古。《醉花荫》词牌名为李清照首作《漱玉词》而来，经她这一画，也许醉笔醉墨醉芳心。《醉花荫》，是我常常吟诵的作品，我也常想，如果我是画家，将她画出来有多好。可惜我不是画家。令人高兴的是，潘宝珠将这首词之意呈现出来了。这是潘宝珠得意之笔。我读“薄雾浓云愁永昼，瑞脑消金兽。佳节又重阳，玉枕纱厨，半夜凉初透。

东篱把酒黄昏后，有暗香盈袖。莫道不消魂，帘卷西风，人比黄花瘦”的画面，悟其词意，眼前浮现节令中的重阳，佳节中的佳人依傍芭蕉树而坐，独对西风中的瘦菊，若有所思。花香盈袖，把酒问秋，秋意在天。

潘宝珠认为，意境是画的灵魂，画的生命。“意”即画家在画中抒发的感情，“境”，即所描绘的具体景物和生活画面。“云想衣裳花想容”是诗人设想云朵想与杨贵妃的衣裳媲美，花儿想与杨贵妃的容貌比美，这是盛赞贵妃服饰和容貌之美。而“想”用得颇为巧妙而富有张力，这是用拟人、夸张和想象等艺术表现手法，侧面描写出杨贵妃的亮丽容颜和高雅气质。宝珠画这幅画，也“想”了很久，怎样表现花的“想”、云的“想”？最后感悟出，花“想”、云“想”，说到底都是“人”在想。宝珠说，杨贵妃在“想”，“想”既是一种神态，也是一种意境。不过，贵妃再想也不会由胖美人变成瘦美人。想云朵、花儿连同衣裳都是贵妃的陪衬，这也许是爱屋及乌吧。

潘宝珠在《一剪梅·红藕香残》的绘画中，对“红藕香残玉簟秋，轻解罗裳，独上兰舟。云中谁寄锦书来，雁字回时，月满西楼。花自飘零水自流，一种相思，两处闲愁。此情无计可消除，才下眉头，却上心头”的理解比旁人深刻得多。“红藕香残”四个字绝妙之致，一个残字把读者带到了深秋。深秋就在宝珠的画上，虽然语言没有透露冷落与萧条，但是，却能从画面感觉得出词人孤独寂寞的心情。与诗词相比，画家的画更为直观。诗画是姐妹艺术，彼此通灵，两者相融，帮助读者理解深意，既能意会，也能言传。

古人对林黛玉这样美女的赞美，少不了是“沉鱼落雁，闭月羞花”之貌，“两弯似蹙非蹙笼烟眉，一双似喜非喜含情目。态生两靥之愁，娇袭一身之病。泪光点点，娇喘微微。闲静似娇花照水，行动如弱柳扶风。心较比干多一窍，病如西子胜三分”，这样的文字，无非是，以花为貌，以鸟为声，以月为神，以柳为态，以玉为骨，以冰雪为肤，以秋水为姿，以诗词为心。但潘宝珠是现代人，自然是现代人的目光，她不欣赏那种病态美，倒是认同“清水出芙蓉，天然去雕饰”，她画的女性画，洋溢着自信美、人格美、阳光美、健康美的气息。

因为自己是女性，潘宝珠表现最多的也是女性。她笔底下表现的女性不止是容貌，更重要的是气质、是情怀，是一种自尊、自信、自强的精神。不管画古画今画未来，她都秉承这种理念来表达女性的形象。宏喜画女性，以柔媚为主色调。当然，宏喜画男人，更显阳光、粗犷、力量、霸气。

有人说，画家画女人，心中必有偶像。王宏喜的偶像是谁？他的笔知道，他的墨知道，他的色彩知道。他虽然没有说，但他的心在说，他的情感在说。他画秦淮八艳，画《四大美女》，画《金陵十二钗》，画《貂婵》，画《崔莺莺》，我不知道他心中的偶像是谁？是不是潘宝珠？王宏喜善于画，不善于说。在他的语言中，你绝对听不到他在想什么，可是他的画，却告诉了你，你去慢慢揣摩吧。

画海写海，都要了解海，海有很多学问，需要探索。艺术创作正如探海，学问无底，求知无止尽，探索无止尽。宏喜画画，这大半辈子，没有少钻研、少苦读、少思考、少探索。在他画《东坡听琴》这幅画时，他读了苏轼的诗：“若言琴上有琴声，放在匣中何不鸣？若言声在指头上，何不于君指上听？”古往今来，一代诗国巨子苏东坡的这首发人深思的《琴诗》不知感动了多少文人墨客，当然也感动了画家宏喜。宋神宗元丰四年(1081)六月，四十六岁的苏轼正躬耕于黄州。东坡平生喜欢听琴，所以当时有一位彦正判官送来一张古琴，他非常兴奋，复信致谢，信中说到自己一向不会弹琴，适逢海印禅师纪公专程来访，便请他的侍者弹奏了几曲，东坡饶有兴致，随即口吟出这首著名的《琴诗》。宏喜在感动之时，欣然命笔，于是《东坡听琴》脱颖而出，被人所喜爱。

《东坡听琴》我听画，听宏喜笔下的画，画面上有琴声。在这里，色彩就是音符，线条就是旋律，天籁之声仿佛是通过他的笔拨动出来的。

自古以来《听琴》的诗词有不少，画的画也有不少，联想《听琴》《西厢听琴》《子期听琴》《雨后听琴》《松下听琴》《月下听箫》，涧边听瀑布，山中听梵呗，觉耳中别有不同。这一个个听，更能从宏喜的画中听出味道。

王宏喜、潘宝珠夫妇以人物绘画著称，数年来创作的连环画，为《三国演义》《红楼梦》《水浒传》等名著制作的插图以及各类纪念卡用图等实物三十多套。历史典故题材中，人物景物形貌意象兼备，文学哲学意境相得益彰，几乎穿越了中华民族上下五千年的文明史，使观众通过画作隔着时空与历史人物对话，品味历史长河中精英辈出、圣贤咸集的不同瞬间。观赏王宏喜先生所表现的春秋战国时期的《老子出关》《孔子问礼》等历史沧桑画面，不免自己也沧桑起来。

宏喜画《老子出关》，先得了解老子。他如饥似渴读老子的著作，搜集老子和相关的故事和传说，将老子其人其事烂熟于心。当他读到当年函谷关总兵尹喜远眺日出望东方，紫气浩荡八千里，他也情不自禁吟诵“日出东方，紫气东来”。

要画老子出关，还得看关在哪里，还得看怎么出关的，还得看出关做什么。为此，王宏喜跑了钟馗故里陕西户县，在秦岭终南山下收集流传千年的《老子与钟馗的传说》。

孔子问礼，问的是“观先王之制”，问的是“礼乐之源”，问的是“道德之归”。王宏喜的妙笔在于问，心在问，问得虔诚，问得精到；读者的眼睛在于看，看得明白，看得悦目。我们仿佛在画面上听到了临别时老子的赠言：“我听说富贵的人送人钱财，仁义的人送人良言，我不富贵，也不能窃仁者的名声，但还是要告诉您：观察问题很透彻、言辞犀利善辩的人，假如遇到危及自身生命的事，主要原因就在于他好议论人，揭人的短处！作为子女和人臣，言语和行动都不能只考虑到自己！”

读者的眼睛仿佛听到了孔子因听了老子的话对自己的学生们说：“鸟，我知道它能飞；鱼，我知道它能游；野兽，我知道它能跑。跑者可用网对付，游者可以用钓丝对付，飞者可以用弓箭对付。至于龙我却无法了解，它乘风驾云直上青天。我今天见的这位老子，大约就是像龙一样的人物了。”读画，就是读历史，历史在王宏喜的笔下，变得如此的鲜活、灵动，令人叹服。

第六章：海之约

海有多宽？也许王宏喜不知道。然而，他却知道他的腿迈出去的距离有多宽，他的眼界拓展的范围有多宽，他的思维天地有多宽，他的画笔挥洒的境界有多宽。他接受海之约，可以走出家门，跨过海洋，到海那边走走。那边是陌生的国度和地区，那边有陌生的面孔和艺术，那边可以发掘开采他所需的流派和艺术。

我从采访王宏喜先生那里得知，1985 年和 1988 年，王宏喜两次赴日本大阪举办个人画展，考察日本美术教育，进行书画文化交流。或许是中日文化渊远流长，抑或是王宏喜与日本大阪佛教会会址超善寺主持桅原先生有缘。他不禁回想起六年前，日本八十四位友人捐款，为他在连云港市建造个人画室，为他筹款给重病的发妻治病。这次是他第三次访日，是中日文化交流，是学术研讨，是办画展，是旅游，是回报，是感谢……这都是，也不完全都是。

事情还得从 1985 年说起。这一年，是王宏喜绘画道路上的重要转折点。应日本大阪佛教协会的邀请，他东渡扶桑，登上樱花岛国。这是一个赏花季节，他们出现在东京的街头，流连在富士山脚下。此刻的富士山，在柔光中晶莹透亮，竟被一片桃颜柳色渲染，在刚刚苏醒的大海边，更显妩媚。樱花仿佛因此而开，开得如此的绚烂、多情、热烈。日本政府把每年的 3 月 15 日至 4 月 15 日定为“樱花节（祭）”吸引游客纷至沓来。樱花，是热烈、纯洁、高尚的象征，招人喜爱。大人带着顽童、恋侣带着浪漫、游人带着雅兴，在樱花树下席地而坐，边赏樱、边畅饮，真是人生一大乐趣。此时王宏喜的眼睛和他的照相机都忙不过来，他速写的笔忙不过来，他想把这里的景物、把这里的风土人情，甚至，把这里友好的目光，用他的心灵装起来，带回祖国。日本是海上的岛国，这个国家曾经发动过对华战争，给中国人民带来了深重的灾难，同时也伤害了它自己，历史的血泪斑斑，洒在中华大地，至今还在散发霉味、臭味、腥味。宏喜作为中国人民的友好使者，穿梭于海天之间，用他的彩笔呼唤和平，呼唤良知，呼唤亲善，呼唤警示，呼唤以历史为鉴，开辟和平发展的未来。从这时起，他在日本人的眼里，不仅是画家，不仅是学者，他还是七彩桥梁，沟通一衣带水的友好邻邦。大和民族用美酒欢迎他，用真诚欢迎他。

举办展览、讲学授业、研读书画、交流技艺。人跟画走，画随人行。人为友好开心去，画为瑰宝随意来。著名大阪佛教会址超善寺这一天、这一刻作为盛大庆典，他的大型组画《三国圣贤》通景屏风等六十余件作品，成为轰动一时的热点，禅寺为收藏他的书画，竟破除常规，不惜重金改建山门，更名为“王宏喜书画寺”，成为大阪文化艺术观光标志性景点。高两米、宽十二米的巨幅历史长卷《三国圣贤图》，在日本一炮打响，并产生如此大的影响，就在这些日子里，在日本列岛刮起了一股经久不衰的“王宏喜旋风”。短短十天的访问，王宏喜画了五十张水墨写生（均收藏在连云港博物馆）。

此时，他来到了这个春天有美丽的樱花，夏天有海水浴场和海上运动，秋天有红叶，冬天有滑雪的广岛，想到莫文蔚演唱的《广岛之恋》：“你早就该拒绝我，不该放任我的追求，给我渴望的故事，留下丢不掉的名字，时间难倒回，空间易破碎，二十四小时的爱情，是我一生难忘的美丽回忆。”年轻人回忆的是爱情，而经历那场战争的日本老人，刻骨铭心的回忆是恐惧、是憎恨、是切肤之痛。王宏喜携夫人，来到一群老人中间，除了掌声、笑声，就是谈论声。他们谈论这座建于1589年，在第二次世界大战中曾受美国原子弹毁灭性的打击，在1958年重建的纪念碑。广岛作为世界上第一个被原子弹严重破坏的城市，故在原子弹爆炸之处，建造了和平纪念公园，以祈求永久的和平。

王宏喜为和平而来，为和平走进了日本兴隆美术馆，这里展览的是二战时期日本士兵的作品。通过这些作品，穿越时空，可以看到，日本军国主义血腥的刀光剑影，给人震撼。丧失人性的日本侵略者，将生命撕成碎片，也把自己送进了坟墓。虽然画面粗糙，但却逼真展现了和平战胜战争、良知战胜邪恶、文明战胜野蛮。艺术观不等于世界观，这些画的作者，可能是艺术家，却又是战争的杀人罪犯，血腥的屠夫。王宏喜边看边想，我们的艺术家该如何站在人民这一边，以画笔作号角，呼唤和平，反对战争！

2001年，宏喜随上海作家艺术家代表团再度来到日本，他和王安忆等人探望了日本小说家水上勉先生，当时水上勉先生八十多岁，而且多病缠身，可惜的是第二年这位中国人民的老朋友就仙逝了。拜访他的那天，水上勉先生对宏喜这样讲：我是一个大骗子，我是一个可爱的大骗子。说得没错，我们就是骗人的人，在真实以外再造一个虚假，这是两个空间，两个世界，难度在于我们怎样把人通情达理地度到另类空间里去。水上勉还回忆起自己早年来往中国的情形，他与上海作家茹志鹃交往甚笃，接下来与这些艺术家联系也从未断线，他是中日两国人民之间一座友好的桥梁。

王宏喜读过水上勉的书，水上勉的出身和宏喜相仿相近，都是苦根苦藤上长出来的苦瓜。水上勉1919年生于日本福井县木工家庭，父亲是穷木匠。八岁时被送到相国寺当了小和尚，这段艰难的生活后来被他写入《雁寺》与《一休》中。他先后在相国寺、天龙寺当和尚。几年后逃出寺院，靠半工半读上完中学，后肄业于立命馆大学，从事过送报、卖药、编辑等三十几种职业，熟悉日本下层社会的生活。长篇小说《雾和影》《饥饿海峡》等反映了在尔虞我诈的社会里被迫走上犯罪道路的人们的心理。《红花的故事》塑造了对工作精益求精的手工业者的形象。短篇小说《棺材》通过次郎作夫妇的惨死，对日本军国主义者发动的侵略战争给本国人民带来的灾难提出了控诉。他给予宏喜的启示就是：只有熟悉下层社会的生活，才能反映下层社会人们的心理，写小说如此，画画也是一样。

在访问东山魁夷时，宏喜也获得了同样的感受。东山魁夷，日本绘画泰斗、散文家。1908年7月生于横滨。原名新吉，画号魁夷。其早年绘画作品《冬日三乐章》《光昏》分别获得1939年第一回日本画院展一等奖和1956年日本艺术院奖。1969年获文化勋章和每日艺术大奖。1999年5月6日逝世。

宏喜以前不大了解日本，但读了东山魁夷的书，看了他的画，觉得日本值得他去看、去听、去欣赏、去思考。从艺术上讲，日本文学和绘画，通过作家和艺术家的笔墨，表达出那种清纯和清秀，这同日本军国主义留给他的印象截然相反。随着国际交往增多，王宏喜对西方的艺术结构、绘画语言、色彩配置等多元变幻莫测的艺术流派，有了直接的感性认识，这无疑有助于他从全球艺术视野中更好地把握中国画的拓展和创新。

逗留日本期间，王宏喜一直在思索：中国画经过近两千年的发展，前人创造的文化财富，为后人留下了极其丰富的艺术遗产，必须认真研究，吸其精华，继承发扬其优秀部分。由于历史、地域的文化差异，世界绘画艺术形成了东西两大艺术格局，各有其长短、优劣，无论过去、现在和将来，都存在着相互学习、借鉴的事实，不必要也不可能相互排斥或取代。所以中国画的创新、发展、现代化，应该是按其自身的发展规律，这个规律就是东方艺术理论法规，讲求内在精神、文学内涵。王宏喜的作品明显地体现了他的这一论点，既把握住传统文人画的写意精神，又能吸收西画有益成份，为我所得，为我所用。

宏喜和夫人，在这个国度里，和自己的同行交朋友，在与他们的促膝交谈中，探知新的境界。他还记得东山魁夷画家说过的那句话："在自然风景之中，我感知作为天地根源的生命的跃动 。"东山魁夷以虔敬、谦逊的宗教感情对待自然，对待生命，将人生的态度渗入到自己的风景画中，达到忘我、无我之境，这是难能可贵的。东山魁夷的风景画典型地代表了日本民族的审美特点：冲淡，自然，含蓄，展现出禅宗的深刻影响。其散文，优美隽永，富有独到的见解，可为他人借鉴，宏喜这么想，也对夫人这么说。每一个民族，都是一座文化的富矿，你持开放的态度包容她、接纳她，便是你的高明。不在于别人有什么，而在于你需要不需要。其实你需要，只要你拿过来，就能适用，就会对你有帮助。

跨海，在宏喜看来，是跨一所世界的大学，在不同民族的典藏里，开掘你需要的一切，不管是日本，还是哪个国家，你可以学到在本国学不到的东西。

就在这一年的6月6日，日本东京都文京区频添喜气。醒目的广告和人们手持的入场券不言自明，日中友好会馆和上海市美术家协会共同主办、中国著名画家王宏喜与夫人潘宝珠联袂推出的《水墨神韵——王宏喜、潘宝珠绘画展》成了樱花岛国头条新闻。热闹非凡的开幕式把王宏喜和潘宝珠推向前台，掌声向他（她）飞来！笑声向他（她）飞来！感激向他（她）飞来！当地各界人士近一百人的目光全都聚焦在这两位画家身上。王宏喜和他的夫人感到热血升温，他们环顾四周，热情之海人潮荡漾。宏喜宝珠相互对视，转过头来，默默含笑，不时地朝人群打一个亲切的手势，谦逊地示意一句潜台词：谢谢！谢谢！

时间走动着，人们走动着。友谊因交往而来。日中友好会馆理事长村上立躬来了，日中协会理事长白西绅一郎来了，中国驻日本使馆公使衔文化参赞张爱平来了，东京国立近代美术馆馆长加茂川幸夫等都来了，给开幕式增添了光彩。参加开幕式的人络绎不绝，这其中有专家、学者、教授，更多的是同行以及年轻的绘画爱好者。他们早就听说两位画家来自中国，并且是一对夫妻，展览的作品是世界一流。千载难逢，决不错过，许多人一早就赶到展览现场，为的是一睹画家风采。

画展得到各方面的重视，东京艺术大学美术馆、日本醉墨会、日中书画艺术交流协会、NPO 法人亚洲文化经济交流协会、日中志愿者协会等社团组织也派代表前来祝贺，他们的花篮插满友情的花枝。随着主持人激情洋溢的介绍，王宏喜、潘宝珠夫妇和村上立躬、张爱平等再次握手、致意，为展览剪彩。

负责筹办画展的日中友好会馆文化事业部主任冯树龙，特别兴奋地告诉大家，这个画展从 2010 年中期就已经开始酝酿、策划。为了筹办画展，“王宏喜与潘宝珠从自己几十年创作生涯积攒的作品中精挑细选，终于敲定了展出的四十幅作品。”但是由于受到“3.11”大地震的影响，画展不得不推迟至 6 月，也是好事多磨吧。

这次的伉俪画展，是日本“3.11”大地震之后，第一次中国画家来日展览，在筹办过程中，他们没有因地震的惨烈望而却步，为了给遭受地震灾害的日本人民以爱心传递，他们挑灯夜战，花了一周时间赶出了十一幅义卖作品，全部被画谜收藏。二十多年来，日中友好会馆举办了多次中国画家作品展，夫妇联袂画展在这之前只举办过两次。他们分别是潘公凯、厉国仪夫妇和杨力舟、王迎春夫妇。王宏喜、潘宝珠夫妇是第三对，他们希望日本民众能够从这些作品中读懂画家的创作，进而读懂中国的文化。

冯树龙看到前来参加画展开幕式的近百名中国画爱好者，显得异常激动，他提高声调，加重语气说道：“日中友好会馆就是为中国和日本两国的文化界开展交流而提供的平台。此次举办的‘中国画的世界展’，也是会馆自地震之后推出的第一个来自中国大陆的画展，意义非同一般。”

画展的分量，王宏喜比谁都清楚，他觉得，这不止是他的书法和他们的画，还有比这更深层次的东西：“中国与日本两个国家的文化交流源远流长，传统的中国画更是受到广大日本绘画爱好者的推崇。在日本举办作品展览，非常高兴。希望画展能够更加促进日本朋友理解中国的传统文化。”

说到传统文化，这对中国夫妇画家当场露一手。他们随即磨墨、提笔，携手即兴创作了《东坡赏砚图》。这时，电视录像，相机长镜头、短镜头拍照。中国的眼睛、日本的眼睛，还有其他外国的眼睛，都像着了魔似的被这幅画图吸住，是磁场、还是气场，都在这幅画上凝睇——或许是茶余，或许是酒后，或许刚刚吟诵完一首诗词，东坡居士兴致未尽，彻底放松，那闲适的状态，似睡非睡，似醉非醉，只有那半睁半闭的眼睛，还在端详着茶几上一方砚池，那砚池是他的墨海、诗海、情韵之海，东坡赏砚图，全神贯注，身边的孩童做什么、玩什么，全然不顾；身边的梅花绽放，暗香浮动，落红遍地，也全然不察；周遭世界发生了什么事情，全然不知。情由心生，画由笔起，如此悠闲的意境或许正是这对夫妻内心世界的真实写照。王宏喜执笔题词，潘宝珠落印，书法流畅，笔力雄健。外加盖四方印章，刀工极精。所以，集书、画、印于一体，实属难得的精品画作，当场便被日中友好会馆收藏。

到日本办画展，虽然展示的是画家的佳作，但也是展示一种心境、一种期待，期待更多的观众喜欢中国画，期待更多的人成为他的知音。但宏喜看着前来观摩画展的观众，多为白发苍苍的老人，感触颇多："我第一次到日本办画展，是在1985年。八五年我还年轻，这一晃，我们都变得苍老了。"不过，画家的心都很年轻，他们画的画，是看不到老年斑的。宏喜又一次将时空距离拉到过去："那时到了一衣带水的日本，感觉像到了家一样，因为这里的人们太喜欢中国画了，很多人都在学习中国绘画。绘画无国界，在七彩中找到共同语言。"王宏喜将这种感受告诉《日本新华侨报》记者，"现在，日本的年轻人都去看用电脑制作的漫画了，喜欢传统绘画的人越来越少。你看这满屋子，白头发有一大半。因此，这一次，我打算在日本逗留长一些时间，哪怕一个月也好，我乐意在日本关西、九州等地走走，用中国画技法创作出更具有时代特色的题材。"

我能体察到，日本的观众能体察到，在王宏喜心中，年轻人是未来的希望，他希望更多的日本年轻人喜欢中国画，他决意向日本的年轻人介绍中国绘画，这是维系中日两国文化交流的重要一环。

为了支援正在恢复建设的日本地震灾区，在展览现场，王宏喜夫妇还专门挑选出十余幅画举行义卖，得到日本绘画爱好者的积极响应。不到十分钟，画作一售而空。随即，王宏喜夫妇将收款全部捐赠给日本红十字会。早在二十年前，王宏喜的老朋友、日本大阪淀川工业高校教师金治杰得知王宏喜的家乡还有孩子因贫困上不起学时，将王宏喜在日本举办画展的部分作品售出，在他的家乡四队小学设立了“王宏喜教育基金”。

从八十年代中期开始，作为中日文化交流的使者，王宏喜曾多次应邀赴日访问、举办展览，受到日本绘画界及水墨画爱好者的欢迎。自那以后，这种交流就未间断过。

1985年6月，王宏喜应日本大阪堺市市长田中和夫邀请，赴日进行文化交流，他的六十件国画作品赴日展出，其中《徐福东渡图》《云台揽胜图》分别被堺市美协和博物馆收藏。在日本展览期间，日本《读卖新闻》《朝日新闻》等各大报纸对他都作了详细介绍，并腾出重要位置，刊载他的重要佳作。NHK国家电视台、读卖电视台均拍摄了专题电视片。

1986年，王宏喜再度去日本，在大阪堺市博物馆举办个展，再次引起轰动。

1988年，出访日本，考察日本儿童美术教育。《中国儿童故事》由大阪中央幼稚园收藏。

1995携夫人年出访日本，《十八学术登瀛洲》《十八罗汉》屏风由日本宫津松源禅寺收藏。

1996年，《天佑中华》（与潘宝珠合作）获“95世界华人书画大展金奖”。赴香港城市大学讲学，并举办夫妇画展。

1997年，赴香港画艺讲学，1998年并举办夫妇画展。

1999年，赴台湾中西艺术苑讲学，2000年并举办夫妇画展。《盛世修典图》由上海图书馆收藏。

2001年，在新加坡中华总商会举办夫妇画展，在马来西亚柔佛艺术学院举办夫妻画展。《颜真卿造像》由南京鲁公祠收藏。《十八罗汉图》由上海玉佛禅寺收藏。

就这样，王宏喜多次应邀去日本及东南亚访问和举办画展，深受欢迎，名声大震。跨海，从此，他的足迹在世界上延伸，他的笔墨在世界上延伸，只有开始，没有尽头。

第七章：海之魅

人无法与大海相比，却又把自己比作大海。人看似渺小，却又很伟大。伟大在于有着海的情怀、海的气度、海的风范。人驾驭大海，征服大海，人在海之上；人又被大海征服，人又成了海的牺牲者。在宏喜大海系列作品中，既能看到大海的瑰伟奇丽、汹涌磅礴，又能看到大海的悲壮哀婉。大海，是他情感的一波三折，起伏跌宕、摇曳多姿……

画什么？怎么画？画得怎么样？这是王宏喜经常思考的命题。熟悉什么画什么，对什么感兴趣就画什么，有冲动就画，有感觉就画，有激情就画，正如“十月怀胎，一朝分娩”，水到自然成。王宏喜不仅画海上风暴、画捕捞、画船歌、画渔火，还画人物的命运，画梦幻、画理想、画期待，画叹息、画苦痛、画血泪。他每年都去海上，刮风也去，下雨也去，只要没有风暴，海是他生活的家园、精神的家园，是他梦绕魂牵的地方。

在山与海的怀抱里，他所闻所见的都是海的气息，海的印象。岁月如歌，物换星移，唱不衰的是家乡人无数的音容笑貌，移不走的是家乡深厚的文化土壤，是他生命的根。农夫山，半边月亮，在他看来醉眼朦胧，在他的酒杯里与他对视。祖辈、父辈有力的臂膀挽着河湾海角，踩着金色的沙滩，沿着时间的岸奔跑着，无论向哪个方向，都没有冲出此起彼伏的潮声。宏喜爱看这样的景观，这样的画面，在保持一种常看常新的日子里，他和他的笔、他的墨、他的色彩，总是按纳不住。他画海，他欣赏海，他在晨光里，倾听渔家儿女的歌声如醉如痴。他画他们，有一种微醉微醺的感觉。他坐看世界，世界也在坐看他，他陡然站立，海也站立、船也站立、鱼也站立、网也站立，他的心情更站立。越是站立，越是高大，包括人的精神。他是用人格站立的画家，他画的画就是他人格的站立。他画海，有他的难题，他的难题并不是怕自己画不好海，而是怕画不好海深邃的内涵，怕画不好海的神韵。曾经珍惜护持的海，决定了他此生的一切，一切都只为爱海爱得执着，爱得深沉。

有人说，王宏喜生在海上，长在海上。我说，海长在他的生命里。要不然，为什么从他的血脉里听得到海的涛声？要不然，为什么在他的笔尖上流露出海的涛声？即使千年万年，大海流去了自己的岁月，只要王宏喜摇动笔杆，岁月回旋，千年万年的时光，又回到他的眼前，时空的调度，是他的目光、是他的笔头、是他的灵思。山空、海静，雾起时分，这海上充满了神秘，他抓起一块鹅卵石朝海心扔去，竟能听到海叫痛的声音。

王宏喜画海，画海浪的舌头舔着天空，舔着星辰。因为自己的心也被海浪舔着，心也痒痒，笔也痒痒，情不自禁地捧起大海，放进自己的画里。心在波涛上游弋，笔在波涛上游弋，在天地之间，他的幻想，除了海懂得，就是他自己懂得，他与海是生命的一体。

海，时时萦绕在他的脑海中，曾经使他多少次梦枕潮汐，魂牵雪浪，情系海天泽国。从那时起，他笔锋一转，将海与人物画糅合在一道，将乡情、乡恋、乡思融于笔墨，连同海的咸涩、甜润、芬芳，一同融入弥漫时代气息的作品之中，使我们仿佛感到历史拂动长袖，在此驻足流连。

王宏喜钟情于现实题材的创作，频频获奖已使他离荣誉金字塔塔顶仅一步之遥。命运的女神，总是把荣耀的桂冠赐予辛勤耕耘的人们，在家乡久远的人文传统的熏陶下，王宏喜以少有的勤勉跋涉于茫茫艺海天涯，几度沉浮，几经沧桑，日积月累，厚积薄发，他以清代学者王国维的名言鞭策自己：“古今之成大事业、大学问者，罔不经过三种境界：‘昨夜西风凋碧树，独上高楼，望尽天涯路’，此第一境界也。‘衣带渐宽终不悔，为伊消得人憔悴’，此第二境界也。‘众里寻他千百度，蓦然回首，那人却在灯火阑珊处’，此第三境界也。”以“试玉要烧三日满，辨材须待七年期”为标准，不弃不馁，年复一年，日复一日，夯实文学根基。在水墨中融入古诗意境，把握意象，捕捉韵味，以便达到情与景、虚与实、形与神的不同层面的有机融合，并结合绘画技巧，搞清意境的结构，体察艺术的最高境界就是自然美。自然的生命最旺盛、最有力量，最好的艺术品都是返璞归真，崇尚自然，达到物与自然的统一与和谐的境界。王宏喜深谙“艺术境界主于美”，领悟“人文历史主于真”，以令人瞩目的大海系列作品和历史文人系列作品驰骋于画坛。

宏喜是伴着海涛声成长的，他常常凝望大海浮想联翩：浪涛就是他的童年，童年的他，是个顽皮的孩子，如同跳跃不定的海浪。在他的感觉中，海是一位舞蹈家，以优美的舞姿，邀请他与之共舞。他和海站在一起，心胸也宽阔起来，使他淡忘烦恼，包容一切。在海的面前，人世间还有什么恩恩怨怨？

最容易画的是海，最难画的也是海，其形其色其声瞬息万变，谁是临摹她的高手？他问海，也问自己。海的回答，就是他自己的回答，他和大海是一个声音，他的语言，在波涛上飞舞，被海燕叼去，到太阳跟前领奖。

故乡，大海；大海，故乡；他爱唱那首歌。那首歌仿佛是为他写的。他感谢朱明瑛，她唱的这首歌，已经好多年了，好多年，他没有忘记这首歌。因为这首歌，是唱故乡，唱大海。

他走出故乡的老屋，就和大海亲近。他和大海亲近，就激起他源源不绝的创作灵感，以不寻常的气概、热情、速度，描绘大海的风姿、气度和魅力。他摊开一张画纸，就是摊开一个大海，挥毫如龙游凤舞，蘸墨似苍虬探海，在他的笔尖上，可以听到海风呼啸、海浪奔涌、海星闪烁、海螺吹奏、海帆轻飘，让人荡气回肠，心胸豁达。表现大海不同风格的作品总是融海味、铸海魂、藏海韵，彰显画家多方面才能和技巧，汇集大海的深邃、雄健、粗犷、妩媚，呈现大海的气势、律动、绚烂，将大海一步一景千姿百态留于丹青。《黄海风》，风行万里；《出海》，出气势、出情韵、出激昂。画家用他的画笔给我们讲述渔家故事。你看渔家姑娘目送男人们出海，生命之船在牵引中缓缓移动，出海的号角吹响！水手们将要出海与风浪展开殊死的搏斗。渔家女驻足海边深情眺望，心中默默祈祷亲人顺利远航，平安归来。《渔家女》，被画家勾勒出一种粗野、清新、单纯的美。那被太阳烤红了的皮肤，那粗糙然而匀称的手脚，都流露出那种生长在海边的渔家女所特有的健壮和质朴。《向海洋》，激流奔泻，雪浪翻涌，海鸟低翔，气象万千，渔民们抬网、推船出海，大有力推千钧之势。这些画作，以渔民个体和群体传神展示对大海敬畏之心、敬仰之情、敬献之意，从而提示人对大自然的崇尚、呵护与相互依存的辩证关系。

王宏喜画海，是在画他自己。他正如大海，大海也正如他，有悲欢，有彷徨，有沉闷，有迷茫。但更多的是激情、是稳健、是沉思。他与大海有着共同的性格、共同的品行、共同的爱。大海在跳跃着，奋进着，反映着王宏喜的脚步。他的脚步在沙滩上转圈子，圈定了他的执着。他的脚步从圈子里迈出，有时是问号，有时是惊叹号！问号是问自己，艺术新潮风云变幻，艺坛新锐花样百出，究竟怎样的画才是时代的选择？怎样的画才会得到艺术之神的眷顾？花甲之年的王宏喜沧桑的脸，这是时间描绘人生的画，艰难带着刚毅，睿智带着沉稳，干练带着活力。我很想复写他这张脸的表情，然而在他的画册里，我找到了。从他画的渔港、渔民、渔姑和渔村儿童的表情上，我看到了他内心的反射。他的《海港晨渡》《渔港晨曲》，用平淡随意的笔墨，向人展示着他再熟悉不过的山林、云雾、海湾、波浪、各式渔船、筏子……湿漉漉的水墨像是渔村湿漉漉的海风，风中仿佛还带着鱼腥。美，来自海。海是他生命的液体与固体。海在他的奔涌中，很大也很小，大到无限，小到一滴。他任意泼墨、挥洒。奔放，是他的激情；凝固，是他的寂寞。在他的任意里，我找到了他的性格。他的性格，就是海的性格。

王宏喜画《黄海渔姑》、画《海带姑娘》、画《渔家姑娘》、画《渔家女》，笔法炉火纯青、自然灵动、变化无穷——时浓时淡，时轻时重，时疏时密，时缓时急。处处神来之笔，仿佛渔村姑娘健美的姿态就坐在他的笔尖上落纸即成。那银铃般的笑声萦绕着他的笔锋，抖一抖，就滑到纸面上，印出了水痕。我想，为渔姑们而动心的首先是在渔村度过了青春少年的王宏喜。否则，他笔下的渔姑的身姿体态、一笑一颦，怎会如此美丽动人。他笔下的顽童更是天真活泼、天趣盎然，惹人喜欢。其中印象最深的一幅画是，两位长途跋涉南下的解放军战士背靠背坐在地上打盹，一小顽童手拿一根草，去逗一位张着嘴打鼾的老兵的鼻子。顽童的一双大大的眼睛透出村野孩子的顽皮，也透出一丝胆怯，随时准备拔腿就跑。这个孩子大概就是王宏喜自画像吧。著名国画家亚明先生称王宏喜是“江南第一快手”，其“快”不在于运笔的快慢，而在于画家内心的自信和畅快的外在表现。

就在此刻，他又将目光转向历史，因为历史的厚重让他倍加青睐。他走进历史的光荣，掀开尘封世界，家乡人文传统的信息扑面而来，众多的先贤雅士，从海上踏歌而来，活生生地屹立在他的眼前，如久别重逢，分外亲切。他的笔挥动着，他与古人翩然共舞。宏喜先生画历史人物，并不是画历史，也不完全是画这个年代的人物，而是以此为大背景，开掘一种精神。沿着历史走过的足迹，寻寻觅觅，他终于找到了他的前人。从尧、舜、禹、孔子、秦始皇到苏东坡、石曼卿、吴承恩、李汝珍等，根据历史的典籍、掌故、传说以及史学家留下的资料，探古访幽，追寻背影，辨认真伪，考其实地实事，以当代的审美视角，或以“大江东去”强健楚风铸其轩昂，或以“小桥流水”娓娓道来写其婉约情怀。穿越风驰电掣的时间隧道，拂去封存千百年的历史尘埃，与众多的历史文人兴致勃勃地对话，从而提示伟人的精神风采，展现历代智慧之树，让世人共享精神家园的壮丽图景。

画海，无句号地奔流，这流淌的是海水，也是墨韵。王宏喜画《羲仲祭日图》，画家乡云台山那一朵白云，画东磊太阳石旁还未来得及坠地的星辰演绎的一首古歌的雅韵，画尧帝武将羲仲受旨祭日，沉浸、低回，是他的缠绵依依……我凝眸他的《赶海》，丈二匹巨制，实为力作。而宝珠女士的《呵护》《双雏图》《期待》堪为佳品，在国内外办画展，令画迷流连忘返。他们的作品讴歌大众，贴近生活，具有时代气息，与画展的主题“水墨神韵”相得益彰。

王宏喜将生活画在画上，将古人和今人画在画上，将海画在画上。画是他鲜活的记忆，画很新鲜很诗意，即便生命消失，画却永远活着。无论王宏喜画谁，谁都是王宏喜，因为他饱蘸生命和热情完成他每一幅作品。

王宏喜画画，是在画生活，画生活中的人物，画生活中的场景，画生活中种种神态。尽管画古人，画神仙，他也以生活中的人物为原型，加以大胆想象完成。

在《大禹治水图》中，大禹深谙父亲鲧拦水求治失败告终殛于羽山的悲剧所在，双手捧起父亲血染的河水，决心疏通江河，兴修沟渠，根治水患，以悼亡灵。画家没有以“三过家门而不入”盛读功绩，而是以“殛鲧泉边捧黑水，总结经验拓新途”提示父子之情的深层人性。

孔子是王宏喜笔下经常出现的形象，孔子周游列国，流离颠沛，“见逐于鲁，被拘于匡，削迹于卫，伐树于宋，被阻于蒲，劣乎陈蔡之间而弟子皆有菜色”，登山问礼，望海望疑，画家没有止笔于孔子的困惑，而是强调孔子在人生道路上孜孜以求的执着追寻，进而褒扬了“生生而和谐”的人文理想。

画人物画不易，可是王宏喜偏偏认定画人物画这条崎岖的路。他把对于生活的敏感和热爱着实地融会到对人物画的艺术追求与技法的探索中去，凭借深厚的古文基础和训练有素的笔墨基本功，苦苦寻觅一条创新的路子，在肯定造型结构的前提下，充分发挥线面表现的功能和节奏韵律，让感情的捕捉和理性的分析同步合拍，以求灵动华滋的笔墨情趣。当他的观念在创作中频频升华，真诚地在画面上释放自己的感应时，他的独特风格也就自然形成，别开了人物画新的境界。

《汝珍著画图》《徐福小像》《始皇东游图》等一批创作于

八十年代的作品的问世，标志着王宏喜在艺术上已步入成熟期。他摒弃了学院式的笔墨程式，完全用感情写画，强化了传统文人画的写意性，脱去板滞之气。尤其在国画技法最难的施水上，更见其独到的功力。他遵循“笔墨有程式而无定式”、“时代不同笔墨亦当与之不同”的画理，从不将笔墨固定在某一种程式上。他学习传统以领悟为主，临摹为辅，“师古人之心，不师古人之迹”，认识没有抽象的一成不变的笔墨，既不重复别人，也不重复自己，不断拓展，常画常新。

连环画是文艺形式的一种，指用多幅画面连续叙述一个故事或事件的发展过程，可以由很多画种组成。五六十年代的孩子对小人书有着特殊的感情，一分钱租一本书，能够美美地看上半天。小人书的学名叫连环画，它从 1932 年开始，在国内逐渐红火起来，新中国成立后，连环画进入了发展的高潮期，那时的内容大多以土地改革、抗美援朝、婚姻法等国家的大事为题，在画连环画的画家里，就有王宏喜，他先后在江苏、上海等地出版了《海燕》《州官放火》《其貌不扬》等多本连环画。

有时我想，如其说王宏喜是画家，还不如说他是一位久经沙场的将帅。在他的书法作品里，我看到他的布阵、点兵、用兵。他的弄墨泼洒，泼成了气势，洒成了壮观。一横一点，横是横刀立马，点是撒豆成兵；一直一竖，直是定海神针，竖是擎天巨石；一撇一捺，撇是提枪闯关，捺是纵深探底；一拐一钩，拐是急转直下，钩是擒王擒贼，掏心掏肺。

我们说王宏喜先生画中国画，是在“画学问”，他的学识，他的功底，都在画面上显现。他求学，从来不单打一，琴棋书画、诗词歌赋，都是他追求的学问。他所积淀是诗、是书、是画、是印，是他全面艺术修养的折射，是他发展的后劲显露。纵观他的作品，夺人眼球的是他气势恢弘的长篇题跋，是他洋洋洒洒上千字的书法长题。

东方的审美情趣，在宏喜身上尤为明显。王宏喜先生的作品能细看，读其文字，玩味无穷。王宏喜的老师亚明先生认为王宏喜艺术的最大成就在于坚守东方艺术理念，走继承与创新相结合的道路，面对风起云涌的世界各种艺术潮流，苦练东方的内功，含而不露以情感人，与东方伦理同步。他说，苍松、劲竹、幽兰、霜菊，深山藏古寺，何其贴切地体现东方伦理，人的道法规范 。他风趣地解释道，中国人看戏谓之“听”戏，看画谓之“读”画，喝茶谓之“品”茗，这“听”“读”“品”，一波三折。不谙东方文化的西方人，丈二和尚，云山雾罩。中医治本，慢条斯理，中和以上；中餐八小碟冷盘，十道热炒，十二大碗红烧，外加甜品，更有吃三天三夜的满汉全席，西餐见而愧言。人物直视人生，显现人性，自然与此相悖。他还说道，山水画属于宏观，花鸟画属微观。寄情于物，更能超脱“人”的具体躯壳而得其神，“起以象外，得其环中”，中国画理论著作浩瀚如烟海，自唐始，如滚雪球一般越滚越大，经验积累日趋成熟、臃肿，百分之九十为山水花鸟的画理、画评，而人物画理微乎其微，他为此而惋惜。

王宏喜特别关注中国人物画振兴之路，深刻认识中国人物画衰微之历史背景，分析各个时代人物画的发展趋向，理清头绪，不一味否定历代画宗在人物画上的孜求，警惕在宣纸上画西洋素描这一当代时髦做法。他不反对学习西方各种流派，但不赞成融合，也不能融合。他认为，学习西方，仅仅画形是远远不够的，重要的是理解其历史、地域、人文、道德、社会自然等多方面，能正确领悟其流派的全貌，才能知道是否对中国画有无可取之处。对此，他以概括性语言作出以下解释：

统一性——各种形式、流派，最终还是归结到具有中华民族文化根源的文化范畴内，因为这是民众所需，数千年的规范。

兼容性——中、西各种有益的好的技艺、材质，将为我所用，这是数千年史实所验证。

多元性——经济高度发展，艺人创作条件（物质恩惠）的提高，必然生产出奇花异草，满目璀璨，各种形式并存。

主体性——艺术的“主体性”是艺术家自由心灵解放的象征。

以公元纪年始，整整两千年，中国画发展至今天，无数历史高峰竖在画家面前，中国画要在二十一世纪有所建树，当务之急是解决“商业性”“炒作性”“浮躁性”等负面性。他断言，随着时间的推移，抱有坚强信念、安于中国画艺术事业者的画家大有人在，只有中国画事业不再是谋生、追逐名利的手段时，中国画才能走上健康发展之路，也才能谓之真正的中国画本体。有一批潜心矢志、学养深厚的画家能远离物欲的引诱，真正深入民间，创作出与时代同步的作品。自由的纯艺术在召唤着真正称得上的中国画画家，宏喜和他的夫人就在其中。

作为民族大文化的一个因素——中国画，历史灿烂辉煌，名家辈出，异常墨飞，形成了固有的一种精神和样式。尤其是近千百年来，占国画主流地位的“文人画”，内容到形式讲究文学性，书卷气，笔墨上讲究品位，借景抒情，诗中有画，画中有诗，作者和收藏者都有一定的规定和定格，至今仍在深深影响着中国画的创作。一种绘画样式的形成，有其存在时代的环境影响，随着时代的更替，绘画样式会有新的定位，这取决于民族审美心理的前进。为此，他不懈努力，并且带出了一批高材生，他们正在画界成为中间力量。

生活因你的梦想而精彩纷呈，空间因你的涉足而更加美丽，属于你的春天是你的浪漫，感受你的色彩是你的心灵！画家的空间在哪里？就在你的视线中。上海静安寺，繁华闹市中心，有一张图文并茂的海报引人瞩目：上海代表性的著名人物画家王宏喜、潘宝珠夫妇书画作品回顾展，将在上海静安文化艺术中心举行。同时，上海多家媒体都给予一定的篇幅刊登文字、播放画面、发布消息，一时间，这对画坛夫妻，成了上海滩上新闻人物、热门话题。绘画作品回顾展那天，有人送来了花篮，有人捧来了鲜花。亲朋好友相拥而来，铁杆粉丝相约而至，广大绘画爱好者逮到这个机会决不放过，甚至远道而来，一睹画家风采。一时间文化艺术中心门庭若市，盛况空前。道喜！祝贺！慰问！采访！拍照！人们围着这对夫妻，仿佛是群星捧月，人们用仰视的目光欣赏这对伉俪，欣赏他们的才气，欣赏他们所创造的画中人。这次展出是精品荟萃，共展出了王宏喜、潘宝珠夫妇历年创作的一百多幅佳作。

一直恪守意念、意象、意境、意趣的东方艺术理法观，用中国特有的“笔墨”取道四个“意”，悟其理、写其心，得心应手，画自己的心事，将文学、哲学、历史糅合在同一理法中，这就是王宏喜。王宏喜，站在历史与现实的高度，敞开思想的门扉，有比较、有选择、包容地接纳东西方各种流派的艺术。近十多年来，随着西风东进，西方各种艺术流派、各种画风如潮水般涌进，宏喜始终保持静寂的心态，清醒的艺术理念，没有轻易地跟在欧风美雨后面，而是将此作为学习借鉴的机会，吸其精华，融汇成为己所用的艺术语汇，充实和扩展笔墨表现力，但始终没有放弃经过近两千年寻找到的中国特有的宝贵的艺术道路，既不崇洋，也不食古不化，而是坚定地走继承与创新的正确路子，这是宏喜艺术最有成就之所在。

濡染大笔何淋漓？为有源头活水来。在上海宏宝斋画室，王宏喜告诉人们，他走的这条路好辛苦，但坚持下来了，他还将继续走下去。这个从黄海边走到大上海的艺术家，依然保持着对未来的憧憬和艺术激情。

在王宏喜“画余断想”里，他断想中国画的笔墨并非单纯的物质表象的“笔”“墨”之实体，而是表现艺术形式和内容的全部；他断想感官刺激的视觉冲击力固然很重要，但涵盖作品内在理性的中和之美，却是中国画的归宿；他断想艺术的创新与个性的追求，必须坚守传统不二法门的底线；他断想中国与世界的一切能够表达思想内容的优秀艺术形式和手段都应该拿来为我所用，进而思考当今中国画的几种现象，即：院体式的制作性、笔墨至上的游戏性、变体变形的抽象性、材质工具革新的作坊性，针对这些，他一针见血地指出：它们虽有长处，但其局限性在于缺少中国画必须具备的文学、诗书印、哲理思辨等全面修养，因此不可能有长久的生命力。他对“中西融合”的提法予以否定，并加以说明，我们可以学习西方各种流派，但绝不能融合，也不可能融合。中国画要警惕在宣纸上画西洋素描的“当代时髦”。他十分自信地展望中国画的未来：二十一世纪在解决“商业性”“炒作性”“浮躁性”之后，中国画必然会迎来崭新的春天。他已经为此做出贡献，并在奋勇前行。

王宏喜，作为一代绘画大师，脉管里既流淌着传统的血液，又奔涌着当代的激情。他在创作历史题材水墨人物画时，以其准确的造型结构、精湛的笔墨技艺、丰厚的历史知识沉淀，特别是在对历史感和时代感的把握上，显示出其不同凡响的功力。

并非结尾

这么多天的接触，这么多天的采访，这么多天的思考，我对王宏喜和潘宝珠的印象，是零碎而又完整，是平面而又立体，是肤浅而又深刻。他们，作为他们那一代人中的艺术家，无疑是出类拔萃，或是异峰突起。他们走了一条常人不大容易走过的路，他们的人生轨迹独特而又充满了艰辛。

有时我想，王宏喜如果不是这样，他的命运又是怎么样呢？他可以走仕途，当时，他也被赏识、被器重、被推举，而他不为所动，他也做不到，他将绘画、画海作为自己毕生的选择，又那么聚精会神，这就决定了他的唯一。他的性格，耿直、坦率、刚正不阿，有时过于“正统”，不会阿谀奉承、溜须拍马那一套。正因为这样，他才有今天如此成就，才被大上海所接纳，才被同行所敬重，被潘宝珠所钟爱。潘宝珠，她不仅是一个出色的画家，而且是一个好母亲、好妻子，她在不被人理解的情况下，能够忍辱负重，并以宽容的态度和博大的爱，面对一切。

在即将完稿这天，再度谈起他们的使命和未来。未来在于每一天。他们每一天都在画海，他们还有好多事要做，还有好多题材要画，他们奉献给祖国和人民的佳作还远不止这些，他们还要创作、创作，只觉得时间不够，即使给一个分身术，还是忙不过来，因为大海无限，事业无限，而生命有限。假如有来生，他们还是做王宏喜、做潘宝珠，做他们相知、相爱的一对。他们还是爱海、恋海、望海、画海……

附录

说画论艺

如何认识当代国画艺术中的北方精神，仍旧对我们时下国画的出新与继承有承上启下的作用。

晋唐没有画人这样一个独立的艺术家的位置，绘画附在文学上，而中国文学滥觞于北方，北方贫瘠，为了生存，营造了北方人强悍、粗犷的精神本质，晋朝的“放浪形骸”和唐朝边塞诗的豪放硬朗如出一辙，“忽如一夜春风来，千树万树梨花开”，既见文学也见画面，是北方人物与山水画的写照。“放浪形骸”表现了文人的风骨，后一诗句则是对大自然浪漫的想象。这就是我要说的古代的北人气度对中国画的影响，风骨就是画如其人，人有什么气质就画什么画，所以北方的画人画风坚挺就是这个原因，画的是人的精神，其次才是技法。精神是第一位的，技法是第二位的。和南方画家不同，南方画家抒情，有灵性，对着秀美葱俊，浓荫欲滴的山水，吟诗作画，或看一景一角抒缠绵之情。这就决定了南方的画风是抒情写意的，虽有浪漫的成分，但格局不同。“柳浪闻莺”是浪漫，“大漠孤烟直”也是浪漫，其境界不同，创意也不同。

所以说，北方画风中真直的感受多，是生存也是生活，生活的本身就是具有特创性，所以，北方人画画，不管旁人画什么，是真正去生活、体验：为体验道家的静寂，不惜居深山几十载；为体验无为，弃官为布衣。人的境界有了升华方去作画，先塑人后塑画，追求独创，是自己的感受，不嚼别人吃过的馒头。从这个意义上说，“海派”画是融合，两者观念不同，创作手法也不同，这也和地域环境不同有关，南方观念开放，外来的艺术多，四时景色变幻也明显，形成了画风的嬗变，相对来说，独立的成分少，融合的成分多；北方则不同，寒秋独立，风霜高洁，水落石出，风光相对来说坚挺单一，变化不常，非有超凡的境界，否则在创造上不易有艺术的升华，所以北方的画风大格局也是地域文化造成的。

到了南方，这些年我也研究南方画风，相对来说，我喜欢楚文化的兼容性。“楚天千里清秋，水随天去秋无际”，这是辛弃疾的诗，非常形象地描绘了楚文化中含有的北方的坚挺与疏朗；“遥岑远目，献仇供恨，玉簪螺髻”，这是楚文化中特有的江南之美，又见婉约。我对楚文化研究不深，楚文化的生活之景中有“秦馆楚楼”之说，形象地表现了南北绘画美，馆有气派，楼虽有气度，然曲折通幽，蕴藏内涵更加丰富，更富有形式美。相对来说，馆有些令人敬而远之，望而却步，楼更现代，开放，富于形式美。所以楚地的绘画如金陵画派，浙江画派，现代兼容是第一位的，相对来说，明清到现当代画家以楚地出名多，就是这个原因。绘画要发展，传统不能扔掉，要同步，楚地的潘天寿、黄宾虹、齐白石都是如此。这两点也决定了楚画风的华贵与浪漫，黄宾虹晚年的画作就是楚地富庶浓郁浪漫的自然风味的表现。这种画风可以想象到楚文化的发源——屈原的《离骚》，这又说明了楚文化是有根的，与海派绘画不同，海派绘画无根，说是海派，其实谈不上派，海派的特点就是拿来主义，海上名画家多，大多是客帮人，海上新流派多，也是这个道理。相对来说，楚画派的出现有理论根据，虽然名画家不多，然一出现便明星耀空，百代相传，关键在于根，底火旺，将屈原的骚体的本质——富于浪漫想象，瑰丽恢宏，通过国画笔墨表现得淋漓尽致。有根就有一整套理论，黄宾虹、齐白石、潘天寿都有非常精辟的语录，就是根在起作用，中国的哲学思想在起作用，而他的要义与老庄又有关系。所以我作画喜欢想象，恢宏，这是庄子的文化的根，也是楚文化的根，这是江南的平淡空旷、开放与兼容于一笔。

王宏喜谈，芥子园录

王宏喜先生自幼生长于海边，得海之开阔之气，创作方面包括海港渔民生活以及取材于古典诗词、历史文人和佛教题材的作品，也有山水方面的作品，题材广而笔路宽，尤其在人物画方面深造有得，走出了一条自己的路子。他发展了传统文人画的写意性，气概豪放，他的笔下，举凡海洋、渔家女，还有各类人物如大禹、孔子、秦始皇、诸葛亮、竹林七贤、苏东坡、钟馗、《三国演义》人物、《水浒传》中一百零八将、《红楼梦》人物、金陵八艳等等，无不妙笔生花，栩栩如生。尤其是近来完成的苦心创作多年的巨幅人物画长卷《五百罗汉》，更令人惊叹不已，并被上海玉佛寺作为“镇寺之宝”收藏。

他的人物画精彩出众，明代大书法家和画家文征明曾言：“画人物者不难于工致而难于古雅，盖画至人物则欲穷似，则笔法不暇法也。”王宏喜则在古雅和工致方面都完成得很好。近时海上画坛，精于人物画者有程十发、刘旦宅等诸家，若论画风，王宏喜则用笔更为遒劲。其选题多为古典人物，造型清俊，笔力清健，秀拙相蕴，多用小写意，线条富有古典神韵，称得上是古雅与洒脱并存。他笔墨精到，书法雄浑有力，和画幅相得益彰，最后共同形成一种清幽高古、恬静淡雅的艺术境界。他的人物画整体格调则是不局限于个体的简单呈现，着力展现历史大背景下的人情人性，如《大禹治水图》中，画家没有刻意展示“三过家门而不入”的功绩，却以“殛鲧泉边捧黑水，总结经验拓新途”的立意来提示父子之情的深层人性。从他的画中既可看出深厚的传统文人画功底，而又有清新时代之风扑面而来，可谓包容古今，雅俗共赏。

程大利

（原刊《国家美术》杂志2010年第二期）

王宏喜艺术年表

1937 年， 10 月 19 日，出生于江苏省灌云县南五队，龙王荡。

1954 年， 考入县城伊山初级中学。

1960 年， 考入南京艺术学院美术系中国画专业。

1962 年， 《蚕茧丰收》年画由江苏人民出版社出版。

1963 年， 《人物画参考资料》（部分）由上海人民美术出版社出版。

1964 年， 南京艺术学院毕业，进上海人民美术出版社从事连环画创作。

1972 年， 进江苏省连云港市文教局任美术创作员，参加江苏省美术家协会。

1978 年， 《海燕》连环画由江苏美术出版社出版。

1979 年，《海盐由来》组画参加全国首届科普美展，获二等奖。任江苏省科普美协副理事长，出席江苏省劳模表彰大会，获江苏省政府嘉奖令。

1980 年，出席江苏省文代会，连云港市成立文联，任美协主席。《松针粉》组画参加全国农村致富画展，并获佳作奖。

1982 年，在南京举办个展。《东坡听琴图》被南京博物院收藏。参加中国美术家协会。

1983 年，在上海举办个展。

1985 年，出访日本。

1986 年，在大阪堺市博物馆举办个展。《三国圣贤》屏风被大阪佛教会超善禅寺收藏。

1987 年，《出海》等七幅中国画参加江苏省中年画展(北京中国美术馆)。《三国故事选》挂历由上海画报社出版。

1988 年，出访日本，考察日本儿童美术教育。《中国儿童故事》由大阪中央幼稚园收藏。

1991 年，《孔子造像》由南京夫子庙大成殿收藏。《秦淮八艳》屏风由南京“秦淮人家”收藏。

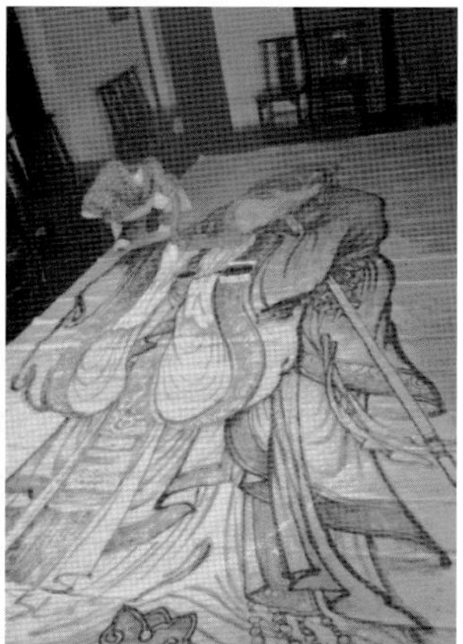

1992 年，进上海美术馆。

1993 年，任美国休斯顿中国美术协会艺术顾问。

1994—1995 年，出访日本。《十八学术登瀛洲》《十八罗汉》屏风由日本宫津松源禅寺收藏。

1996 年，《天佑中华》（与潘宝珠合作）获“95 世界华人书画大展”金奖。赴香港城市大学讲学，并举办

夫妇画展。

1997 年，赴香港画艺讲学。

1998 年，举办夫妇画展。

1999 年，赴台湾中西艺术苑讲学。
《罗汉十八尊》石刻组画由绍兴柯严收藏。
5 月，中国人物画《向海洋》参加上海解放五十周年美术展览。
8 月，为“上海野生动物园画册”画长颈鹿、犀牛、象、熊猫（与潘宝珠合作）。
12 月，参加“翰墨颂莲庆回归”——上海百名著名书画家创作百米长卷赠送澳门博物馆，并出版画册，刊登作品《洛浦听笙图》。

2000 年，举办夫妇画展。
《盛世修典图》由上海图书馆收藏。
《吴敬梓》石刻组画由南京吴敬梓纪念馆收藏。
《王宏喜画集》由上海人民美术出版社出版。
4 月，应台湾台北澹宁书画会邀请赴台交流，并参加两岸书画联展，受聘澹宁书画会艺术顾问，《张旭醉书图》入编书画交流联展画集。
4 月 25 日，《孔子望海》《归去来辞》《竹林七贤》刊登于《美术之旅》。
5 月，《上海文化画报》刊登连环画《毒品毁灭了一个幸福的家》。
《中国画入门——人物篇》VCD 由上海音像出版社出版发行。
5 月，上海百名画家画岱山“蓬莱之梦”刊登多幅作品。
6 月 25 日，香港书画报刊登《赤壁赋》《钟馗嫁妹》。
12 月，百名画家画浦东“聚焦长江口”在浦东新区人民政府展览。

2001 年 1 月，《中国古典四大名著画册》珍藏本由上海辞书出版社出版，其中共创作了百余幅作品。

2月28日，《文汇报》“文汇画刊”“彩墨绘浦东”刊登中国画《聚焦长江口》。
4月，入编由古籍出版社出版的《海上画坛》。
6月，中国画《晌午》参加建党八十周年上海美展（上海美术家协会组展）。上海教育电视台拍摄电视片《属于海洋的礁石——王宏喜先生绘画作品欣赏》。
12月，书法作品于上海毛泽东故居“纪念毛泽东诞辰108周年”展出。
为上海银行创作了《九方皋》等五幅以马为题材的中国画作品。
出版马年生肖系列贺卡。
《魁星点斗图》捐赠上海文庙魁星阁。
青岛企业出版2002年月历，其中8月为作品《三皇五帝》。
在新加坡中华总商会举办夫妇画展，在马来西亚柔佛艺术学院举办夫妇画展。
《颜真卿造像》由南京鲁公祠收藏。
《十八罗汉图》由上海玉佛禅寺收藏。

2002年，6月—7月，应日中文化友协邀请，与夫人潘宝珠参加上海文化代表团赴日本广岛、长野、东京等地文化交流，于东京女子美术大学、东洋美术学校、东山魁夷纪念馆、信浓美术馆等地与东山魁夷夫人、作家水上勉、油画家绢谷幸二等进行艺术交流。大画《赤壁怀古》由中国驻日本东京大使馆收藏。
《达摩造像》《桃源问津》《竹林七贤》等陈列于上海玉佛寺方丈室。
7月21日，《书与画》创刊二十周年全国书画大展，作品《苏东坡赏砚图》参加展览。国画《聚焦长江口》于上海“同一屋檐下同行五十年画展”展出。
12月，中国画《九方皋》于上海人民美术出版社建社五十周年画展展出。

2003年，6月，中国画《三国志》全本画册及人物绣像共157幅，由韩国汉城大学“创作与批评株式会社”出版发行。

8月，创作由上海辞书出版社发行的《孙子兵法》画册中三十六幅中国画插图。
上海电信局发行“三十六计”电信套卡（电话纪念卡）。
上海教育电视台拍摄电视片《宏喜绘三国——王宏喜三国人物欣赏》。

2004年，9月，为庆祝中华人民共和国成立五十五周年、政协成立五十五周年，静安政协举办书画展览会“丹青颂神州”，《晌午》《望海》等七幅作品入编画集。

2005年，《盛世修典图》为玉佛寺方文室收藏（捐赠）。
5月21日，《美术报》登载两版介绍文章《生活的颂歌，时代的画卷》，刊登《小猫狗》《脊梁》等五幅作品。
9月，“今日上海”杂志储有明写文章《如椽缩历史》，并刊登《盛世修典图》等四幅作品中国画。
12月，“狗年画狗”日历由东航出版。
《连博》杂志创办三周年，刊登文章《珠联璧合翰墨情——访王宏喜，潘宝珠伉俪》，画家捐赠作品《对弈图》并刊登《晌午》等四幅中国画作品。

2006年，2月，朱屺瞻艺术馆为纪念朱屺瞻诞辰115周年，朱屺瞻艺术馆建馆十周年组织“中国画名家画梅展览”，参展作品为《草堂客至图》并出版画册。
6月，《和合如意》由深圳田溪画廊收藏。江西美术出版社出版《当代中国画

名家作品集》并刊登作品。

8月16日，由上海文广集团对外文化联谊会主办的《宝岛印象》展览会在上海市美术馆开幕展出，《槟榔西施》《魂归双溪》两幅作品参展。

9月，上海玉佛寺“觉群佛教文化周名家书画展”，展出《对弈图》《怀素书蕉图》，并入编画册《觉群墨缘》。

9月，由上海教育电视台拍摄专题片《宏喜绘三国》。

10月，《东方航空》杂志刊登丛艺写的文章《画坛比翼鸟——画家王宏喜、潘宝珠夫妇》，刊登王宏喜的画作《槟榔西施》《东坡赏砚图》《盛世似典图》《九方皋》等。由上海东方电视台文艺频道拍摄专题片《人物春秋——读著名人物画家王宏喜的中国画》。《上海采风》发表文章《中和之美——中国画的归宿》。

11月，作品《怀素书蕉图》参加上海美术馆馆庆五十周年系列展——员工美术品展览。

2007年， 2月，北京《书画名家》杂志，封一、二、三、四及内文共二十三页的作品和介绍文章。2月9日，文汇新民联合报业集团主办“海派名家贺岁提名画展”，参展作品《竹林七贤图》。2月10日，《新民晚报》“海派画家迎春专版”刊登《竹林七贤图》。

3月31日，《解放日报》“朝花”发表中国画《望海》。

6月，上海水乡画院编辑的《上海书画家名典》由上海人民美术出版社出版，《怀素书蕉图》入编。

上海市对外文化交流协会庆祝成立二十周年出版书画藏品集《海上和风》，刊登中国画《九方皋》。

7月，《书与画》杂志刊登全国书画大展特邀作品，出版专辑内刊登《东坡赏砚图》。

8月，《艺术中国》八开画册刊登封面封底在内的十八个版面的文章和作品。

9月—10月，由上海市文广局、上海对外文化联谊会组织对台文化交流代表团，“名家宝岛风情展”在台中市文化中心大敦艺廊展出，展出中国画《槟榔西施》《魂归双溪》，后又在台北国父纪念馆展出。

9月，由海峡摄影出版社出版的杂志《名家》刊登文章及作品于五个版面。

10月4日，《文汇报》“文汇鉴赏”刊登张立行写的文章《为中国人物画注入民族气派》，刊登中国画《向海洋》。10月11日，由上海玉佛寺为王宏喜创作的《五百罗汉图》精装画册出版召开首发式，并展览《五百罗汉图》长卷。10月21日，《劳动报》刊登《五百罗汉长卷》首发式消息并刊登《五百罗汉图》局部。10月，河北美术出版社出版《当代中国画名家丛书》，第二册介绍王宏喜。
11月，东方电视台文艺频道拍摄并播放专题片《著名人物画家王宏喜》。
12月22日，《新民晚报》“夜光杯”刊登恽甫铭文章《烟云供养绘罗汉》，刊登《五百罗汉图》局部。

2008年，1月1日，朱屺瞻艺术馆“鼠年生肖展览”，参展作品为《生肖之首》。
1月25日，《读者导报》发表《画坛伉俪珠联璧——王宏喜、潘宝珠夫妇作品赏析》。
4月18日，作品《陆羽品茗图》被拍卖，善款捐“上海市发展交响乐团事业基金会”，由上海豫园商城华宝楼组织拍卖会。
5月19日，为四川汶川地震灾区捐款人民币五千元，由上海市美术家协会转交。
6月13日，《联合时报》刊登抗震救灾作品中国画《兵从天降》。6月15日，为抗震救灾捐赠《生命在召唤》《兵从天降》两张八尺中国画作品给黄浦区慈善基金会。6月27日，为抗震救灾捐赠《观沧海》至上海静安区政协展览并拍卖，善款捐赠给上海慈善基金会。
上海市美协在刘海粟美术馆组织“上海水墨人物画展”，展览参展作品《海风》。
9月，天津人民美术出版社出版《中国著名书画名家——为奥运喝彩》，刊登作品。
10月，《中国美术典藏》杂志第十期封一、二、三、四及二十页内文刊登作品。

2009年，3月，参加香港仁济医院和香港书艺会的《慈善书画——艺术献爱心展览》，并拍卖作品《张旭醉书图》，所得拍卖款项捐给香港仁济医院作扩建医院用。3月27日书法《浮舟沧海》、中国画《牛年诵经图》参加由明苑文化艺术中心组展的《禅心清韵名家书画展》，并出版画集。
5月，入选北京人民美术出版社出版的《中国当代美术名家》。
8月17日，中国美术馆杂志《中国美术馆》第八期刊登文章《海派王宏喜》及作品十三幅。8月18日《上海艺术收藏家报》第六期出版《王宏喜中国画艺术》专刊，共刊登十六章作品和两篇评论文章。
11月，北京荣宝斋出版社出版《当代中国画名家经典作品集萃》刊登作品。
12月，北京华艺美术出版社出版《中国当代实力派画家作品精选》，《王宏喜画集》出版。12月，上海书画出版社出版《盛世中国迎世博中国艺术大典》

书画卷出版。

2010 年， 1 月，《美术中国》总第二十一期专辑，刊登文章《王宏喜的中国画艺术》及作品。
《国家美术》杂志第二期刊登多幅国画及程大利文章《笔情墨趣如椽笔，沉博壮丽文人画》。
4 月，中国文联出版社出版《迎世博盛世书画名家精粹》。
4 月 23 日，《新民晚报》"夜光杯"刊登中国画《世博功臣》。静安区图书馆、香梅画苑与常熟菱花馆共同举办"香梅菱花艺聚世博联合画展"，展出作品为《世博功臣》《郑板桥画竹图》。
6 月，《连博》杂志第二期刊登两版王宏喜作品《三国演义》彩墨插图选。6 月 4 日，《新民晚报》"夜光杯"栏目刊登王宏喜书法《养气铸魂》。
7 月 31 日，《新民晚报》"纸上展厅"全版刊登王宏喜"乡情牵手时代，水墨讲述记忆"现实题材中国画《出海》《世博功臣》《生命在召唤》《海风》《潮》。
8 月，北京中国工艺美术出版社出版《水墨丹青》四大家作品精选，刊登十页作品。上海《流行色》杂志刊登中国画作品《法轮初转》《佛经东传》《普度众生》《香山九老图》《槟榔西施》《五百罗汉图》以及文章《艺坛伉俪——画家王宏喜、潘宝珠夫妇》。
9 月，解放军艺术出版社出版《中国近现代名家王宏喜作品选萃》。
10 月，《中国绘画年鉴》出版，刊登王宏喜的简介及作品。
10 月 9 日，《新民晚报》发表《香山九老图》，并刊登周德民的文章《与众不同的香山九老图》。10 月 11

日北京荣宝斋出版“荣宝斋画谱”《人物部分——王宏喜绘五百罗汉图》。
11月，《艺术品投资》两个版面刊登《海派王宏喜》，并刊登现实题材作品《海难》《脊梁》《生命在召唤》《槟榔西施》《向海洋》等作品。
12月，中国美术学院出版社出版《水墨神韵——中国当代名家作品集粹》。北京书画名家出版社出版2011年日历《中国著名画家王宏喜作品——历代文化名人》。

2011年，1月，《中国近现代名家王宏喜作品选萃》由北京人民美术出版社出版。
6月6日，“王宏喜、潘宝珠——中国画的世界展”在日本东京日中友好会馆美术馆开幕。中华人民共和国文化部网站、日本《东方时报》《现代中国报》《每日新闻》《朝日新闻》《日中文化交流》等新闻单位发表评论文章及消息。
9月，参加中国扶贫基金会信息扶贫专项基金等单位发起的书画名家书画义捐义拍活动，《竹林七贤图》拍卖款作慈善捐赠。9月15日，静安区宣传部及政协举办“梅之韵——纪念辛亥革命一百周年中国画展”，王宏喜、潘宝珠合作作品参加展览。
12月8日，由工程技术大学中法埃菲尔时装学院——上海壹画室主办了“王宏喜、潘宝珠、潘之三人联展”，并被聘为客座教授。

2012年，1月23日，《新民晚报》刊登文章《纸龙、墨龙、糖龙共迎春》，报道王宏喜新年佳作《墨龙》。
3月—5月，“神采气韵——王宏喜、潘宝珠夫妇画展”在香港城市大学中国文化中心举办。
4月，上海臻品收藏展览会在上海展览馆展出中国画作品《新水墨山水》。

王宏喜
作品选

海风
200 × 120cm

脊梁
145 × 365cm

赶海
145 × 365cm

望海
145 × 365cm

海滩
145 × 365cm

渔港晨曲
68 × 68cm

进港
46 × 68cm

海之召唤
60 × 180cm

向海洋
60 × 195cm

黄海风
68 × 136cm

耘海
1983 年
68 × 68cm

渔家女
1983 年
45 × 67cm

向海洋
98 × 180cm

晌午
220 × 145cm

聚焦长江口
180 × 96cm

世博功臣
120 × 97cm

沂蒙寻踪
68 × 68cm

回乡偶书

160 × 96cm

槟榔西施

120 × 120cm

张大千造像
68 × 68cm

魂归双溪
68 × 68cm

小毛狗
120 × 120cm

生命在召唤
68 × 68cm

野柳潮汐图
98 × 180cm

虎跳峡
145 × 365cm

船老大
90 × 96cm

黄海渔民
90 × 96cm

赣榆海头之一
90 × 96cm

赣榆海头之一
90 × 96cm

西部情
68 × 68cm

梅里春晓
68 × 68cm

古城街头
68 × 68cm

孔子问礼图
68 × 136cm

白居易
136 × 68cm

颜真卿
136 × 68cm

韩愈
136 × 68cm

岑参
136 × 68cm

竹林七贤图
68 × 136cm

竹林七賢圖

香山九老图
136 × 68cm

西园雅集图
68 × 136cm

九方皋
76 × 136cm

老子出关图
1992 年
67 × 132cm

西山放鹤图
1996 年
67 × 132cm

鉴真上人像
1983 年
136 × 68cm

达摩造像
1998 年
135 × 67cm

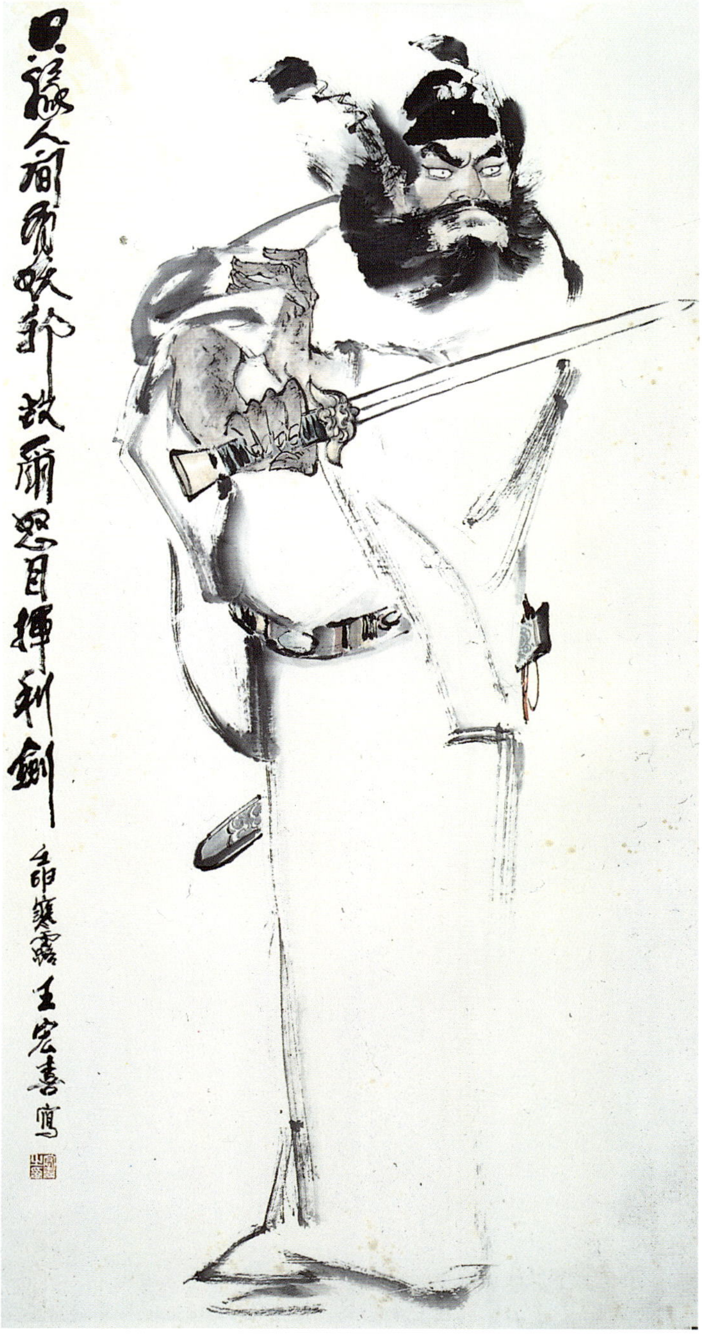

钟馗
83 × 151cm

月宫遗韵图
1998 年
68 × 138cm

钟馗嫁妹图
1998 年
88 × 47cm

福寿永瑞图
1999 年
68 × 138cm

唐人诗意
48 × 72cm

观瀑图
1992 年
68 × 69cm

品茗图
1992 年
68 × 68cm

琵琶行
1996 年
92 × 60cm

赤壁怀古
1998 年
68 × 138cm

农人告余春
1998 年
110 × 70cm

元春入宫
45 × 67cm

元春省亲
45 × 67cm

雪亭争联
45 × 67cm

熙凤戏彩
45 × 67cm

太宗论武
45 × 67cm

夜读春秋
45 × 67cm

反间计
45 × 67cm

孙武谈兵
45 × 67cm

拜见宋江
45 × 67cm

破戒喝酒
45 × 67cm

误入白虎堂
45 × 67cm

李逵闹赌场
45 × 67cm

八大金刚
45 × 67cm

七衣仙女
45 × 67cm

安天大会

45 × 67cm

悟空皈依
45 × 67cm

诸葛祭奠
45 × 67cm

观沧海
45 × 67cm

桃源结义
45 × 67cm

舌战群儒
45 × 67cm

五百罗汉图（局部）
68 × 272cm

五百罗汉图（局部）
68 × 272cm

五百罗汉图（局部）
68 × 272cm

五百罗汉图（局部）
68 × 272cm

五百罗汉图（局部）
68 × 272cm

五百罗汉图（局部）
68 × 272cm

五百罗汉图（局部）
68 × 272cm

五百罗汉图（局部）
68 × 272cm

佛经东传
175 × 124cm

西天取经

175 × 124cm

盛世修典图
68 × 272cm

盛世修典图
68 × 272cm

图书在版编目（CIP）数据

画家与海/ 薛锡祥著 .— 上海：文汇出版社，
2013.1
（艺术家画传）
ISBN 978-7-5496-0735-8

Ⅰ. ①画… Ⅱ. ①薛… Ⅲ. ①王宏喜—传记—画册
Ⅳ. ①K825.72-64

中国版本图书馆CIP数据核字(2012)第295322号

王宏喜画传

画家与海

主编 / 桂国强　陈平
执行主编 / 朱金晨

绘画 / 王宏喜
文字 / 薛锡祥
责任编辑 / 何璟
装帧设计 / 张晋

出版发行 / 文匯出版社（上海市威海路755号　邮编200041）
经销 / 全国新华书店
印刷装订 / 上海锦佳印刷有限公司
版次 / 2013年2月第1版
印次 / 2013年2月第1次印刷
开本 / 889 × 1194　1 / 16
印张：13.5
ISBN 978-7-5496-0735-8
定价：280.00元

欢大口吃饭

饭的乐趣，解决宝宝不好好吃饭的问题。

吃 饭妙招大集合

180×210mm，共20页。

特点：不但为妈妈解答宝宝吃饭相关的烦恼，而且提供方便又营养的食谱。

超市、
各种阅

故事小屋

圣 诞老公公来了

175×175mm，共12页。

特点：配合圣诞节的温馨小故事，还附带贴纸，让宝宝也来做回圣诞老公公。

巧虎DVD

约28分钟，12个单元。

另附："商品特色介绍"3分钟。

特点：鸭子老师教你说"谢谢"，还能看到可爱的宝宝们一起开心地吃饭。

亲子玩具

会 说话的食物组

包括：托盘一个，香蕉配件一个，鱼配件一个，苹果配件一个，西瓜配件一个，饼干配件一个。

特点：和玩具"对话交流"，让宝宝对语言产生兴趣，潜移默化地建立与他人交流的意识。

自 信

活中，家长为孩子做了很多很多，却没有想到，宝宝会因此失去了宝贵的、树立自信的机会。菜撒了一地，小脸一塌糊涂，也许孩子自己吃饭会搞得一团糟，可是，和孩子的自信与成长相比，都不重要了，难道不是吗？让孩子拥有一把属于他自己的小勺子吧……

我喜欢大口吃饭/儿童挑战项目组主编. －上海
（乐智小天地．宝宝版）
1~2岁适用
ISBN 978－7－5072－1773－5

Ⅰ．①我… Ⅱ．①儿… Ⅲ．①常识课－学前教

中国版本图书馆CIP数据核字（2012）第206

版权登记：图字 09-2012-594 号

中国福利会出版社《乐智小天地》客户服务中心
电话：800-820-5099（固定电话）　400-820
传真：800-820-8299　未开通80

中文版专有出版发行权属中国福利会出版社

版

（乐智小

儿

责任编辑：凌春蓉

出版发行：中国福利会出版社
地　　址：上海市常熟路157号
邮政编码：200031
电　　话：021-64373790
传　　真：021-64373790
印　　刷：上海教育学院印刷厂

ISBN　978－7－5072－1773－5/G · 473

ISBN 978-7-5072-1773-5

智小天地 宝宝版

我喜欢大口吃饭

1～2岁适用

儿童挑战项目组 编

中国福利会出版社